———————————— 님의 소중한 미래를 위해

이 책을 드립니다.

30일 만에 마스터하는
중학교 영어

30일 만에 마스터하는
중학교 영어

중학생이라면 꼭 알아야 할 교과서 영어

박병륜 지음

메이트북스

메이트북스 우리는 책이 독자를 위한 것임을 잊지 않는다.
우리는 독자의 꿈을 사랑하고,
그 꿈이 실현될 수 있는 도구를 세상에 내놓는다.

30일 만에 마스터하는 중학교 영어

초판 1쇄 발행 2018년 8월 27일 | **초판 4쇄 발행** 2023년 7월 15일 | **지은이** 박병륜
펴낸곳 ㈜원앤원콘텐츠그룹 | **펴낸이** 강현규·정영훈
책임편집 안정연 | **편집** 박은지·남수정 | **디자인** 최선희
마케팅 김형진·이선미·정채훈 | **경영지원** 최향숙
등록번호 제301-2006-001호 | **등록일자** 2013년 5월 24일
주소 04607 서울시 중구 다산로 139 랜더스빌딩 5층 | **전화** (02)2234-7117
팩스 (02)2234-1086 | **홈페이지** blog.naver.com/1n1media | **이메일** khg0109@hanmail.net
값 16,000원 | **ISBN** 979-11-6002-164-6 43740

이 도서의 국립중앙도서관 출판시도서목록(CIP)은 e-CIP 홈페이지(http://www.nl.go.kr/ecip)에서
이용하실 수 있습니다.(CIP제어번호: CIP2018024112)

사람의 능력에 한계는 없으며, 가장 높은 곳은 모두에게 열려 있다.
다만 최고가 될 수 있느냐는 당신의 선택에 달려 있다.

• 하시디즘(유대교 종교운동) •

중학교 영어,
쉽고 재미있게 공부해보자!

지금 이 책을 보고 있는 당신의 영어실력이 학교에서 상위 10% 이내라면 조용히 이 책을 덮어주세요. 이 책은 당신을 위한 책이 아닙니다. 당신을 위한 교재들은 시중에 아주 많습니다. 이 책은 영어에 자신이 없는 학생들, 기초부터 다시 시작하고 싶은데 어떤 교재로 공부해야 할지 몰라 어려움을 겪고 있는 학생들을 위해 만들어진 책입니다.

저는 2003년부터 중학교에서 영어를 가르치고 있는 교사입니다. 영어교사가 된 후 '학생들을 위해 영어교사로서 할 수 있는 건 다 해보자.'라는 생각으로 사교육 없이 학교 수업만 잘 들어도 영어를 잘 할 수 있다는 걸 증명하기 위해 여러 가지 방법을 연구하며 수업을 해오고 있습니다. 제 수업을 듣고 영어가 좋아졌다고 말해주는 학생들, 내년에도 선생님이

우리 영어 선생님이었으면 좋겠다고 수줍게 말하는 학생들, 고등학교 진학 후에도 시험성적이 나올 때마다 연락해서 자랑을 하고 감사하다는 말을 전하는 제자들을 볼 때마다 제가 하고 있는 일에 보람을 느끼고, 제가 가고 있는 길에 대한 확신을 갖게 됩니다.

저는 지금까지 학생들을 위해 연구했던 자료들을 모아 영어교사 수업경연대회와 수업연구대회 등에서 발표하고, 주말과 방학 때는 전국을 다니며 타 지역 영어 선생님들과 수업 노하우를 공유하는 등 좀더 좋은 수업을 하기 위해 다양한 활동을 하고 있습니다. 그렇게 활동하면서 저의 이러한 노력을 인정해주신 분들 덕분에 종종 TV와 잡지에도 소개되어 혼자 신기해 하던 일도 있었습니다. 이렇듯 저는 지금까지 꾸준히 해오던 다양한 활동과 또 지금 하고 있는 모든 일들이 다 보람 있고 재미있지만 그 중에서도 특히 가장 좋아하는 일은 바로 교재를 집필하는 일입니다. 중학교 영어 교과서를 집필했고, 지금 현재도 새로운 교과서를 쓰고 있으며, EBS 교재와 출판사 교재 등 30권이 넘는 교재를 집필 혹은 검토했습니다.

교재를 집필할 때마다 항상 중학교 시절의 저를 떠올립니다. 알파벳도 제대로 몰랐던 중학생 박병륜에게 영어시간은 언제나 두렵고 재미없는 시간이었습니다. 시간이 지나 이제 영어가 어떤 언어인지 어느 정도 알고 나니 예전 중학교 때 보았던 참고서들에 화가 났습니다. '이렇게 쉽게 설명할 수 있는 걸 그때 그 교재들은 왜 어렵게 설명을 했을까?' 하는 생각이 언제나 제 머릿속에 맴돌았고, 나중에 나는 정말 쉽고 재미있는 교재를 만들겠다고 다짐 또 다짐했습니다.

하지만 한계도 있었습니다. 지금까지 제가 집필했던 교재들은 대부분 공동 작업이었기 때문에 제 생각과 다르게 흘러가는 내용 및 구성에 대해 눈물을 머금고 양보할 수밖에 없었습니다. 그럴 때마다 '언젠가 나 혼자 영어 교재를 쓰게 된다면 정말 내가 꿈꾸던 교재, 영어를 못해서 매일 혼나던 중학생 박병륜과 같은 처지의 내 사랑하는 제자들도 혼자서 쉽고 재미있게 공부할 수 있는 그런 책을 쓰겠다.'라는 다짐을 하게 되었고 이제 드디어 그 결과물을 세상에 내놓고자 합니다. 이 책을 통해서 저는 학생들이 잘 모르고 있던 교과서 영어에 대한 이야기를 하고자 합니다.

사람들은 요즘 학생들의 영어 실력이 과거에 비해 많이 향상되었다고 합니다. 그 부분은 저도 실감하는 부분입니다. 영어를 처음 배우는 시기가 점점 빨라지고, 많은 사교육과 해외 어학연수 등의 이유로 과거에 비

해 학생들이 영어를 잘 합니다. 하지만 중학교에서 영어를 가르치다 보면 알파벳을 잘 모르거나 왜 'an uniform'이 아닌 'a uniform'이어야 하는지 모르는 학생들이 아주 많으며, 영어를 곧잘 하는 학생들도 'will'과 'be going to'의 차이점을 정확하게 설명하지 못하는 경우가 많다는 걸 알 수 있습니다.

　현재 시중에 나와 있는 많은 문제집과 참고서들을 보면 이유는 설명하지 않고 결과만을 나열하거나 학생들이 당연히 알 거라고 생각해 기본 개념을 설명하지 않고 넘어가는 경우가 많아서 결과적으로는 영어 실력이 상위권인 학생들만 이해할 수 있는 교재가 대부분입니다. 이 책에서는 이런 점들을 고려해 기초가 부족한 학생들도 처음부터 다시 시작할 수 있도록 모든 개념을 쉽고 자세하게 설명했습니다. 감히 단언컨대 지금까지의 중학생 영어교재 중 이 책보다 더 쉽게 쓰인 책은 없습니다.

　저는 교과서 집필의 경험을 살려 이 책에 중학교 영어 교과서에서 다루는 대부분의 언어형식(문법)과 의사소통기능(회화)을 제시했으며 다음과 같은 내용을 반영했습니다. 첫째, 어휘는 최대한 쉬운 것들을 사용했습니다. 기존의 교재들과 달리 쉽게 이야기 형식으로 풀어썼는데, 페이지를 넘길 때마다 어려운 단어들이 발목을 잡는다면 많은 개념을 이해하는 데 방해를 받을 수 있기 때문입니다. 둘째, 총 41개의 메인 UNIT과 13개의 보너스 내용으로 구성했습니다. 또한 앞쪽에 나왔던 내용을 뒤쪽에서도 계속해서 반복적으로 언급했고, UNIT별 〈Practice〉와 장별 〈Review Test〉 등을 풀어볼 수 있는 QR코드를 수록해 무한 반복 학습을 가능하게 했습니다. 셋째, 41개의 메인 UNIT의 끝에 해당 언어형식이 들어가는 의사소통기능을 짧은 대화 형식으로 소개했습니다. 문법과 회화를 따로 공부하지 않고 방금 배운 문법이 들어간 회화 표현들을 함께 공부함으로써 2번 고생하지 않도록 효율성을 높였습니다. 넷째, 〈Tip〉, 〈피러쌤, 질문있어요!〉 등의 코너에서 학생들이 실제 많이 질문하는 내용들을 정리해 이 책을 읽는 학생들의 궁금증을 최대한 해결해주려고 했습니다. 마지막으로, 구어체를 사용해 집필했습니다. 마치 여러분 옆에 누군가 앉아서 차근차근 설명해주는 것처럼 읽혀지기 바라는 마음에서 존댓말을 사용하지 않았습니다.

이 책으로 공부하기로 마음먹었다면 매일 조금씩 이 책을 10번 이상 읽어주세요. 영어 공부에서 가장 중요한 것은 지치지 않고 꾸준히 하는 겁니다. 욕심 부리지 마세요. 반 페이지든 한 페이지든 본인이 소화할 수 있을 정도로만 읽으세요. 대신 하루도 빠지지 않고 매일 읽어주세요. 병원

에 입원할 정도가 아니라면 컨디션이 좋지 않은 날에도 이 책을 펴주세요. 처음 읽을 때 이해되지 않는 내용들은 과감히 넘기셔도 됩니다. 두 번째, 세 번째 읽을 땐 이해가 될 겁니다. 또한 이 책을 읽다보면 제가 종종 여러분에게 앞에서 배운 내용을 다시 언급하기 때문에 싫든 좋든 여러 번 복습을 할 수밖에 없을 겁니다.

지난 15년간의 교직생활 동안 마음속으로만 계획했던 일에 마침표를 찍게 해주신 메이트북스에 감사의 마음을 전합니다. 또한 교과서나 관련 책들을 집필할 때마다 항상 고수의 눈길로 피드백을 주는 고등학교 영어교사인 아내, 그리고 이 책을 쓰는 동안 아빠로서 많이 놀아주지 못해 미안한 이제 막 6살이 된 서영이에게 고마움과 사랑을 전합니다. 마지막으로 아메리카노 한 잔 시키고 몇 시간씩 노트북을 두드리고 있어도 눈치 한번 안 주시고 언제나 친절한 미소로 맞아주시는 'Cafe동네' 사장님과 직원분들께도 감사함을 전합니다.

박병륜

『30일 만에 마스터하는 중학교 영어』
이렇게 읽어주세요!

Intro를 읽으며 단원 전체의 그림을 그려요.

본 교재는 총 16개의 장으로 구성되어 있습니다. 각 장별 시작 페이지에 소개되는 Intro 내용을 통해 단원 전체의 흐름을 파악해보세요.

중요한 Tip을 놓치지 마세요.

중학생이 틀리기 쉬운 예외적인 규칙들과 알고 있으면 도움이 되는 내용들, 혹은 자칫 놓치기 쉬운 것들에 대한 〈Tip〉을 제공합니다.

Pop Quiz를 풀면서 Self-check 하세요.

UNIT별 핵심 개념을 소개하는 중간 중간에 〈Pop Quiz〉를 제공합니다. 퀴즈를 풀면서 해당 개념을 잘 이해했는지 스스로 체크해볼 수 있답니다.

또래 친구들이 자주 하는 공통 질문을 살펴보아요.

〈피러쌤, 질문 있어요!〉 코너에서는 지난 15년 간 교실에서 학생들이 많이 했던 질문과 그에 대한 답을 정리했습니다.

피러쌤, 질문 있어요!

바지(pants)는 '하나'인데 왜 s를 붙이나요?

면 다리가 들어가는 길쭉한 부분이 연결되어 있잖아. 영 다리 부분이 연결되었다고 해서 복수로 보는 거야. 청바 ssors) 또한 마찬가지로 항상 복수로 사용하지

· 교과서 속 의사소통 기능 1 ·

자기소개하기

My name is Peter.
내 이름은 Peter야.
Let me introduce myself (to you). I'm Peter.
내 소개를 할게. 나는 Peter야.
I'm a teacher.

의사소통 기능(회화)을 공부해요.

〈교과서 속 의사소통 기능〉 코너에서는 UNIT에서 소개한 문법 내용이 포함된 의사소통 기능을 연계해서 소개했습니다. 모든 중학교 영어교과서에서 중요하게 다루고 있는 언어형식(문법)과 의사소통 기능(회화)을 한꺼번에 공부해보세요.

1장 Practice 및 Review Test
저자의 블로그로 이동해보자

QR코드 속 보물을 찾아보세요.

UNIT별 Practice 문제와 장별 Review Test 문제를 풀어보면서 학교 내신을 대비하세요. 문제는 피러쌤 블로그에서 확인할 수 있는데, QR코드를 통해 쉽게 찾을 수 있습니다.

1장

세상의 모든 이름 '명사'와
명사의 단짝 친구 '관사'

안녕. 내 이름은 박병륜이야. 영어 이름은 Peter고 이 책을 쓴 사람이지.

우리는 누구나 이름이라는 걸 가지고 있어. 사람이든 동물이든 물건이든 눈에 보이든 안 보이든 말이야. 아래의 그림은 내가 학생들을 가르치는 교실이야. 익숙한 공간이지?

이 작은 교실만 해도 아주 많은 이름들이 숨어 있어. 사람이든 물

건이든 모두 이름을 갖고 있으니까 말이야. 이렇게 이름을 나타내는 단어들을 명사(noun)라고 해.

자, 그럼 명사의 개념을 이해했는지 한번 테스트해볼까? 다음 단어들 중에서 명사에 ✔표 해볼래?

cat(고양이) ☐   run(달리다) ☐   Park Jisung(박지성) ☐

love(사랑) ☐   happy(행복한) ☐

정답은 'cat' 'Park Jisung' 'love'야. 그런데 말이야. 이런 명사들 중에는 셀 수 있는 명사가 있고, 셀 수 없는 명사가 있어. 예를 들어 cat은 '하나, 둘, 셋…' 이렇게 셀 수 있지만 love는 '하나, 둘, 셋…' 이렇게 셀 수가 없지.

이번 장에서는 셀 수 있는 명사와 셀 수 없는 명사에 대해 설명해줄게. 또한 영어에 진짜 많이 등장하는 관사라는 것도 함께 설명할게.

뭐든지 처음이 중요해. 첫 단추가 잘 채워져야 끝까지 갈 수 있어. 날 믿고 따라와줄 수 있겠니? 자, 그럼 간다!

개수를 나타낼 수 있으면
셀 수 있는 명사

먼저 셀 수 있는 명사를 살펴볼까? 그냥 단순하게 생각하자고. 다음 명사에 해당하는 이미지를 머릿속으로 생각해봐.

car   banana   house   soccer

생각했니? 그럼 이번에는 위 명사들이 여러 개가 있는 모습을 상상해볼래?

위 4개의 명사들 중 셀 수 있는 명사는 어떤 것들일까? 맞아. 당연히 'car' 'banana' 'house'가 셀 수 있는 명사에 속하지.

자, 그런데 여기 한 가지 규칙이 있어. 영어에서는 셀 수 있는 명사 앞에 a가 붙을 수 있는데, 셀 수 없는 명사 앞에는 a를 붙이지 않는다는 거야. 예를 들면 셀 수 있는 명사인 car 앞에는 "I need a car."처럼 a를 쓰지만, 셀 수 없는 명사인 soccer 앞에는 "I like soccer."처럼 a를 쓰지 않는다는 말이지. 여기서 a를 관사라고 부르는데 이건 UNIT 3에서 다시 설명할게.

Pop Quiz

다음 단어 중 셀 수 있는 명사에 동그라미 쳐봅시다.

bird   apple   health   camera   finger   Korea

정답 bird, apple, camera, finger

TIP

사전에 있는 U 혹은 C는 무슨 의미일까?

사전에서 soccer를 찾아보면 다음과 같이 나올 거야.

명사[U] 축구

이때 U는 Uncountable(셀 수 없는)이라는 단어의 첫 글자를 뜻해. 즉 셀 수 없는 명사라는 뜻이지. 반대로 셀 수 있는 명사는 아무 표시가 없거나 Countable(셀 수 있는)의 C라고 표시되어 있어.

셀 수 있는 명사의 복수형

셀 수 있는 명사 이야기로 다시 돌아와볼까? 셀 수 있다는 이야기는 하나도 될 수 있고, 둘 이상도 될 수 있다는 이야기잖아. 모든 언어의 문법에서 하나는 단수라고 하고, 둘 이상은 복수라고 해. 탁구나 배드민턴 경기에서 1 대 1은 단식 경기, 2 대 2는 복식 경기라고 하는 걸 생각하면 이해하기 쉬울 거야.

셀 수 있는 명사가 둘 이상의 복수가 될 때 영어에서는 규칙적으로 명사의 끝에 s를 붙여. 예를 들어 책이 한 권이면 one book, 2권이면 two books, 3권이면 three books, 4권이면 four books, 5권이면 five books… 이렇게 되는 거지.

즉 영어의 복수형으로 쓰이는 s는 우리말의 '들'과 같은 의미로 쓰여. "이 책(book)을 빌려가고 싶어요." "이 책들(books)을 빌려가고 싶어요." 이 2개의 문장을 비교해보면 쉽게 알 수 있지.

하지만 영어의 규칙에는 예외가 아주 많아. 이런 예외들 때문에 영어를 처음 배우는 학생들이 영어는 어렵다고 느끼는 거지. 이러한 예외적인 규칙들을 꼼꼼하게 공부하느냐 그렇지 않느냐가 영어를 잘 하느냐 못하느냐의 변수로 작용해.

다음 표를 보고 셀 수 있는 명사의 복수를 만드는 규칙을 익혀봐. 당연히 이렇게 복잡해보이는 표가 한 번에 눈에 들어올 리 없겠지. 당연한 거야. 그런데 한 가지 확실한 건 이 표를 2번, 3번, 4번… 계속 보다 보면 점점 쉬워진다는 사실! Trust me!

구분	규칙	예시
대부분의 명사	끝에 s를 붙임	dog → dogs, flower → flowers
s, x, ch, sh, o로 끝나는 명사	끝에 es를 붙임	bus → buses, box → boxes potato → potatoes
'자음 + y'로 끝나는 명사	y를 i로 고치고 es를 붙임	baby → babies, city → cities, cf) boy → boys (자음)　　　　　(자음)　　　　　(모음)
f, fe로 끝나는 명사	f, fe를 v로 고치고 es를 붙임	leaf → leaves, knife → knives
불규칙	규칙 없음	fish → fish, deer → deer, sheep → sheep man → men, woman → women, foot → feet tooth → teeth, person → people

TIP

자음? 모음?

혹시 6살 때 엄마가 집안 곳곳에 붙여놨던 '자음'과 '모음' 표 기억나니? 우리말에도 자음(ㄱ, ㄴ, ㄷ, ㄹ, ㅁ 등)과 모음(ㅏ, ㅑ, ㅓ, ㅕ, ㅗ 등)이 있듯이 영어도 마찬가지야. 영어의 알파벳(a, b, c, d, e, f 등) 26개 중에서 a, e, i, o, u를 모음이라고 하고, 나머지는 자음이라고 하지. 음악시간에 목을 풀 때 "아, 에, 이, 오, 우"라고 하잖아. 그걸 생각하면 쉽게 외울 수 있어. 자, 따라해볼래? "아(a), 에(e), 이(i), 오(o), 우(u)"

규칙들이 좀 복잡하지? 사실 영어를 가르치고 있는 나도 어렸을 때부터 궁금했어.

'그냥 모두 다 s만 붙이면 안 되나?'

하지만 어쩔 수 없다는 걸 알게 되었지. 영어를 사용하는 전 세계 많은 사람들이 이미 그렇게 쓰고 있으며 우리가 그들 모두를 설득해서 규칙을 다시 바꿀 수는 없기 때문에 여러분도 그냥 받아들이는 게 좋아.

이 시점에서 딱 한 가지만 부탁할게. 혹시 오늘 여기까지만 공부할 생각이라면 이 책을 덮기 전에 앞에서 설명한 내용들을 한 번만 더 읽어줄래? 3분 정도 걸릴 거야. 복습하지 않고 책을 바로 덮으면 내일 이 책을 다시 펼쳤을 때 오늘 공부한 내용이 머릿속에 남아있지 않아.

부탁할게. 딱 3분만 투자해서 다시 한 번만 복습! 알았지? 내일 UNIT 2에서 또 만나!

피러쌤, 질문 있어요!

바지(pants)는 '하나'인데 왜 s를 붙이나요?

바지를 생각해보면 다리가 들어가는 길쭉한 부분이 연결되어 있잖아. 영어권 국가에서는 바지를 2개의 다리 부분이 연결되었다고 해서 복수로 보는 거야. 청바지(jeans), 안경 (glasses), 가위(scissors) 또한 마찬가지로 항상 복수로 사용하지.

Pop Quiz

※ 다음 단어의 복수형을 써봅시다.

1) cup → _____   2) dish → _____   3) watch → _____   4) sheep → _____
5) toy → _____   6) story → _____   7) wolf → _____   8) tooth → _____

정답 1) cups 2) dishes 3) watches 4) sheep 5) toys 6) stories 7) wolves 8) teeth

자기소개하기

My name is **Peter**.
내 이름은 **Peter**야.
Let me introduce myself (to you). I'm **Peter**.
내 소개를 할게. 나는 **Peter**야.
I'm a teacher.
나는 선생님이야.

Hi, everyone.
여러분 안녕.

Let me introduce myself. I'm Peter.
내 소개를 할게. 나는 Peter야.

I'm a teacher.
나는 선생님이지.

I teach English.
나는 영어를 가르쳐.

Check

위 대화에 사용된 단어 중 셀 수 있는 명사에 밑줄 쳐봅시다.

정답 teacher

개수를 나타낼 수 없으면
셀 수 없는 명사

안녕! 지난 시간에 셀 수 있는 명사의 복수형 규칙들 때문에 머리 아팠지? 미안하지만 지금 앞으로 가서 UNIT 1을 다시 한 번만 훑어보고 올래? 어차피 나랑 함께 영어공부를 시작했으니 내가 부탁하는 건 모두 들어주었으면 좋겠어. 이 모두가 영어를 잘하는 중학생들의 공부 방법을 10년 넘게 관찰해서 얻은 노하우들이니까 귀찮아도 꼭 따라줄 수 있지?

자, 그럼 오늘은 셀 수 없는 명사에 대해 살펴볼게. UNIT 1에서 soccer라는 단어를 살펴보았지? 셀 수 없는 명사는 머릿속으로 '하나, 둘, 셋'하면서 세는 게 불가능한 명사를 말하지.

그렇다면 몸풀기 문제로 한번 들어가볼까? 다음 단어들 중에서 셀 수 없는 명사에 ✓표 해봐.

hope(희망) ☐   milk(우유) ☐   apple(사과) ☐   puppy(강아지) ☐

정답은 'hope' 'milk'야. 다 맞혔니? 혹시 틀린 사람이 있다면 아마도 milk를 셀 수 있는 명사라고 생각한 사람일 거야.

엄마가 가끔 "마트 가서 우유 하나 사와라."라고 하시지? 이때 우유는 '하나, 둘, 셋' 이렇게 셀 수 있을 거 같잖아. 머릿속에 병이나 종이팩에 든 우유를 상상하면서 말이야. 하지만 영어에서는 milk를 셀 수 없는 명사로 분류하고 있어. 우유가 병이나 종이팩에 들어 있을 때 셀 수 있는 것이지, 우유 자체를 '하나, 둘' 셀 수 있는 건 아니니까.

일반적으로 영어의 셀 수 없는 명사 중에서 중학생들이 꼭 알아야 할 단어로 'tea' 'coffee' 'water' 'sugar' 'paper' 'cheese' 'love' 'hope' 'life' 'peace' 등이 있어.

셀 수 없는 명사의 복수형

그런데 일상생활에서 셀 수 없는 명사도 '하나, 둘, 셋…' 이렇게 세는 경우가 있어. 가령 커피를 주문할 때 이렇게 말하잖아.

Pop Quiz

※ 다음 단어 중 셀 수 <u>없는</u> 명사에 동그라미 쳐봅시다.

monkey   rain   water   computer   peace   happiness

정답 rain, water, peace, happiness

Can I have two cups of coffee, please?

제가 커피 2잔을 마실 수 있을까요?

a cup of~라는 표현을 살짝 이용하는 건데, 서점에 나온 수많은 문법 책들을 살펴보면 a cup of~ 같이 셀 수 없는 명사를 셀 때 사용하는 표현들이 상당히 많이 소개되어 있어. 그런데 그것들 대부분은 일반적으로 사용하지 않는 것들이고, 지금 여기에 소개해봐야 머리만 아플 거야. 그래서 난 딱 3가지만 소개하려고 해. 가장 많이 사용하는 것들이지.

구분	명사	예시
a cup of ~ 한 잔의 ~	tea, coffee	a cup of **tea**, two cups of **tea**
a glass of ~ 한 잔의 ~	milk, water, juice	a glass of **water**, three glasses of **water**
a piece of ~ 한 장의 ~, 한 조각의~	paper, cake	a piece of **paper**, five pieces of **paper**

혹시라도 더 알고 싶은 사람이 있다면 다음 2개까지 공부해도 좋아.

1) a bowl of~: 한 공기[그릇]의~

   I can eat two bowls of rice. 나는 밥 2공기도 먹을 수 있어.

2) a loaf of~: 한 덩어리의~

   I have three loaves of bread. 나는 3덩이의 빵을 갖고 있어.

Pop Quiz

※ 우리말에 해당하는 영어 표현을 써봅시다.

1) 커피(coffee) 3잔 → _____

2) 주스(juice) 5잔 → _____

3) 케이크(cake) 2조각 → _____

정답 1) three cups of coffee 2) five glasses of juice 3) two pieces of cake

자, 여기서 흥미로운 fact 한 가지!

사실 coffee는 위에서 살펴보았듯이 셀 수 없는 명사에 속하지만, 실생활에서는 커피 2잔을 주문할 때 다음과 같이 s를 붙여서 사용하기도 해.

Can I have two coffees, please?

여러분 중에는 "잉? coffee는 셀 수 없는 명사인데 s를 붙이면 틀린 거 아닌가요?"라고 의문을 갖는 사람도 있을 거야. 정답은 Yes이기도 하고 No이기도 해. 아리송하지? 일상생활에서는 사람들이 많이 쓰는 말이기 때문에 coffee에 s를 붙였다고 해서 틀렸다고 할 수는 없어. 하지만 학교문법에서는 이야기가 좀 달라. 학교문법, 즉 교과서 영어는 원칙적인 것들을 가르치기 때문에 two coffees는 인정하지 않고 two cups of coffee만 인정하는 것이지.

일단은 받아들여야 해. 교과서 영어는 조금 늦게 바뀌는 경향이 있거든.

아마 10년 혹은 20년 후에는 교과서에도 coffees를 사용할지 몰라. 언어는 천천히 계속해서 바뀌고 있기 때문에 그때가 되면 모든 사람들이 two coffees라고 말하게 되고 two cups of coffee라는 표현이 너무 어색하게 바뀌면서 교과서에서도 two coffees를 인정하는 날이 올 수 있다는 말이야. 영어는 언어이기 때문에 수학 공식처럼 딱딱 떨어지는 게 아니라서 쉽지 않아. 그래도 힘을 내서 계속 나가볼까? Practice Makes Perfect!

피러쌤, 질문 있어요!

만약 학교 시험에서 coffee 2잔을 묘사하라고 할 때
two coffees라고 하면 틀리는 건가요?

선생님에 따라 다르겠지만 학교 시험 상황이라면 틀린 것으로 평가될 가능성이 아주 높지. 다시 한번 말하지만 학교 영어, 즉 교과서 영어는 기본적인 원칙에 의해 교육과정이 만들어지고, 학교 선생님들 또한 그 원칙에 근거해서 가르치고 계시거든. 사실 이런 원칙들을 잘 알아둬야 영어의 기본기가 튼튼해져서 나중에 실생활에 응용력도 생기는 거야. 중학교 영어에서는 실생활에서 사용되는 예외적인 경우보다는 이런 원칙을 중심으로 기본기를 쌓는 게 중요하다는 걸 잘 알고 있어야 해.

음식 권하기

Please try some juice.
주스를 좀 마셔보세요.
Would you like some bread?
빵을 조금 드실래요?
Do you want some more coffee?
커피를 좀 더 원하시나요?

Waiter: Do you want some more coffee?
웨이터: 커피를 좀더 원하시나요?

Customer: No, thanks. Oh, can I have a glass of water?
손님: 고맙지만 괜찮습니다. 오, 물 한 잔 마실 수 있을까요?

Waiter: Sure. Wait a second, please.
웨이터: 그럼요. 잠깐만 기다리세요.

Customer: Thank you.
손님: 감사합니다.

Check

위 대화에 사용된 단어 중 셀 수 <u>없는</u> 명사에 밑줄 쳐봅시다.

정답 coffee, water

UNIT 3

명사의 친구들!
관사 a, an, the

혹시 명사 앞에 자주 사용되는 a, an, the 기억나니? 초등학교 때부터 영어를 배운 사람이라면 자주 보았을 거야. 예를 들어볼까?

- I have a dog. 나는 개를 한 마리 데리고 있다.
- Peter is an English teacher. Peter는 영어 선생님이다.
- Jack can play the piano. Jack은 피아노를 연주할 수 있다.

영어에서 명사 앞에 사용되는 a, an, the를 관사라고 해. 우리말에는 없는 개념이라서 처음에는 좀 낯설기도 할 거야. 하지만 영어에서 거의 모든 문장에 사용되기 때문에 아주 중요한 녀석들이지.

혹시 다른 책이나 학교 선생님께서 하시는 말씀 중에 '정관사' '부정

I have a dog. 나는 개를 한 마리 데리고 있다. ↓ 그 개가 어떤 개인지 듣는 사람은 모름 a를 부정관사라고 함 부정(不定): 어떤 걸 말하는지 정해진 게 아니라는 뜻	I have the dog. 나는 그 개를 데리고 있다. ↓ (다른 개가 아닌) 그 개를 갖고 있음 듣는 사람도 그 개가 어떤 개인지 알고 있음 the는 정관사라고 함 정(定): 어떤 걸 말하는지 정해졌다는 뜻

관사'라고 하는 말을 들어본 적 있니? 쉽게 설명할게.

위의 왼쪽 예문에서, 나는 어떤 개를 갖고 있다는 말일까? 말하는 사람은 알고 있겠지만 듣는 사람은 어떤 개인지 알 수 없어. 그냥 막연하게 개 한 마리라고 할 때 a를 사용하는 거야. 그런데 오른쪽 문장은 어떨까? 나는 어떤 개를 갖고 있다는 걸까? 그렇지. 바로 그(the) 개를 갖고 있다는 거야. 이때 말하는 사람과 듣는 사람은 그(the) 개가 어떤 개인지 알고 있는 거지.

부정관사 a와 an

그럼 좀더 구체적으로 관사의 쓰임에 대해 살펴볼게. 먼저 부정관사 a와 an부터 살펴볼까? a와 an은 문장에서 어떤 역할을 할까?

1) '하나'라는 뜻

I watched TV for an hour. 나는 1시간 동안 TV를 보았다.

2) 불특정한 하나 또는 어떤 종류 전체를 대표

A dog is a smart animal. 개는 영리한 동물이다.

3) '~마다'라는 뜻

I visit my uncle once a week.

나는 일주일마다 한 번씩 삼촌을 방문한다.

4) '어떤'이라는 뜻

A man is waiting for you. 어떤 남자가 널 기다리고 있다.

그런데 똑같은 부정관사인데 언제 a를 쓰고 언제 an을 쓰는지 아니? 흠, 정답을 바로 알려줄 수 있지만 그렇게 되면 금방 또 잊게 될 거야. 스스로 정답을 찾는다면 영원히 자기 것이 되는 거지. 자, 그럼 도전해볼까?

여기서 문제! 왜 왼쪽 예문들에는 a가 쓰였고, 오른쪽에는 an이 쓰였을까? 힌트는 왼쪽과 오른쪽 예문들의 밑줄 친 부분에 있어.

I have a dog. 나는 개를 한 마리 데리고 있다.	I have an apple. 나는 사과를 한 개 갖고 있다.
I need a car. 나는 자동차가 필요하다.	I need an umbrella. 나는 우산이 필요하다.
A strawberry is delicious. 딸기는 맛있다.	An orange is delicious. 오렌지는 맛있다.

맞아. 비밀은 바로 자음과 모음에 있어. 자음으로 시작하는 명사(dog, car, strawberry) 앞에는 a를 쓰고, 모음으로 시작하는 명사(apple, umbrella, orange) 앞에는 an을 쓰는 거지.

그런데 여기서 아주 중요한 게 있어. 이건 중학교 내신 시험에서 꼭 나오는 거야. 다음 문장의 괄호 속에서 어법상 알맞은 것을 골라볼래?

- I can wait for (a/an) hour. 나는 한 시간 동안 기다릴 수 있다.
- I can build (a/an) house. 나는 집을 지을 수 있다.
- I have (a/an) uniform. 나는 유니폼을 갖고 있다.
- I have (a/an) umbrella. 나는 우산을 갖고 있다.

이 문제에 함정이 숨어 있어. 바로 a와 an을 구분할 때는 뒤에 나오는 명사의 첫 철자(spelling)를 보는 게 아니라 첫 발음(pronunciation)을 살펴봐야 한다는 거야.

an hour[aʊə(r)]   a house[haʊs]
　　모음　　　　　　　 자음

a uniform[juːnɪfɔːrm]   an umbrella[ʌmbrelə]
　　자음　　　　　　　　　　 모음

hour의 발음 첫 소리는 모음이기 때문에 a가 아닌 an을 쓰고, uniform의 발음 첫 소리는 자음이기 때문에 an이 아닌 a를 써야 하는 것이지.

복잡해 보이지만 너무 걱정하지는 마. 대부분 단어들의 경우 철자가 자음이면 발음 소리도 자음이고, 철자가 모음이면 발음 소리도 모음이거든.

그러니까 영어 선생님들은 철자가 자음인데 발음 소리가 모음이거나, 반대로 철자가 모음인데 발음 소리가 자음인 특이한 경우를 시험에 자주 출제하시지. 다행히 이런 게 많지는 않아. 다음 표에 나오는 단어만 알아두면 돼. 딱 이 정도만 알아두면 중학교 3년 동안 a와 an을 구분하는 문제는 100점 맞을 수 있어.

철자가 자음으로 시작하는데 an을 붙이는 단어	철자가 모음으로 시작하는데 a를 붙이는 단어
an hour (한) 시간 an honest boy 정직한 소년 an MP3 player mp3 플레이어	a university 대학 a uniform 유니폼 a European country 유럽 국가

정관사 the

관사에는 앞에서 배운 부정관사라는 녀석 말고 하나가 더 있어. 바로 the 라는 녀석인데 정관사라고 부르지. 부정관사도 간신히 이해했는데 하나가 더 나와서 당황스럽니? 너무 걱정하지 마. 쉽게 설명해줄게.

일단 정관사 the는 셀 수 있는 명사와 셀 수 없는 명사 앞에 모두 쓰일 수 있어. 사전을 찾아보면 알겠지만 the는 너무나 많은 다양한 의미를 갖고 있기 때문에 현직 영어 선생님들조차 그 의미를 100% 이해한다고 할 수가 없어. 그렇기 때문에 학생들도 그 의미를 다 알 필요가 없는 거야. 다음에 설명하는 것들만 알면 Okay!

1) 앞에 나온 명사를 다시 언급할 때

I have a puppy. The puppy is so cute.

나는 강아지가 한 마리 있다. 그 강아지는 아주 귀엽다.

2) 말하는 사람과 듣는 사람이 이미 알고 있는 것

Can you open the door, please? 문 좀 열어주시겠습니까?

3) 악기 이름 앞에

He can play the guitar. 그는 기타를 연주할 수 있다.

4) 세상에 하나밖에 없는 것

The sun is shining. 태양이 빛나고 있다.

4개 모두 알면 좋겠지만 혹시라도 어렵다고 생각되면 일단 1)번과 2) 번만 잘 알아두고, 복습을 하면서 3)번과 4)번까지 차근차근 알아가자고!

TIP

the apple은 '더 애플'일까 '디 애플'일까?

the는 일반적으로 [ðə] "더"라고 발음하는데 the 뒤에 나오는 단어의 첫 소리가 모음인 경우 [ði] "디"라고 발음해.

the[ðə] banana[bənænə] vs. the[ði] apple[æpl]
　"더"　　자음　　　　　　"디"　　모음

※ 주어진 단어를 이용해 문장을 완성해봅시다.

1) They like _____.(moon)

2) Can you play _____?(violin)

3) I borrowed a book yesterday. Today I read _____.(book)

정답 1) the moon 2) the violin 3) the book

관사를 쓰지 않아도 될 때

관사를 쓰지 않아도 되는 경우는 다음과 같아.

1) 식사 이름

일반적으로 '아침을 먹다(have breakfast)' '점심을 먹다(have lunch)' '저녁을 먹다(have dinner)'라고 말할 때 관사를 쓰지 않아.

- I have breakfast every day. 나는 매일 아침을 먹는다.
- Let's have lunch at this restaurant. 이 식당에서 점심을 먹자.

2) 교통·통신 수단

또한 교통수단(by bus, by taxi, by train, by bike)과 통신수단(by telephone, by e-mail)을 말할 때도 관사를 쓰지 않지.

- I came home by bus. 나는 버스를 타고 집에 왔다.
- Please send it by e-mail. 그것을 이메일로 보내주세요.

3) 관용 표현들

그 밖에 다음과 같은 경우에도 일반적으로 관사를 사용하지 않아.

- I watch TV every day. 나는 매일 TV를 본다.
- They go to school early. 그들은 일찍 학교에 간다.
- I go to bed at 10:00. 나는 10시에 자러 간다.
- Let's meet at night. 밤에 만나자.

외울 게 참 많지? 그래서 복습 습관이 필요한 거야. 다시 말하지만 이 책의 내용만 잘 알아도 중학교 영어는 마스터할 수 있다고! 알겠지? 파이팅!

피러쌤, 질문 있어요!

교통수단 앞에 by가 붙는다면, 걸어서 가는 건 by foot이라고 하나요?

학생들이 보통 그렇게 생각하기 때문에 영어 선생님들이 그걸 시험문제에 종종 출제하곤 하지. 걸어서 가는 건 on foot이라고 해. 영어는 이렇게 규칙에 어긋나는 예외적인 것들이 많아. '오전에' '오후에' '저녁에'라는 말을 in the morning, in the afternoon, in the evening이라고 하지만 '밤에'라고 할 때는 at night라고 하는 것도 그런 예라고 할 수 있지. 안타깝지만 이런 예외적인 게 시험에 자주 출제되니까 잘 알아두어야 해. 여러 번 읽고 쓰다보면 어느 순간 자기 것이 되어 있을 테니까 계속해서 Do your best!

TIP

우리말이 더 어려워요!

오른쪽 페이지를 보면 '(정체) 확인하기와 상술하기'라고 되어 있는데 우리말이 더 어렵지? 미안! 그런데 이 말은 내가 만든 게 아니라 교육과정에 이미 결정되어 제공된 표현을 그대로 가져온 거야. 여러분 영어 교과서의 단원별 제일 첫 페이지에서 볼 수 있는 말들인데, 이건 교과서 쓰시는 선생님들이 만든 말이 아니라 정부에서 정한 교육과정 속에 이미 만들어진 말이니까 어쩔 수 없이 받아들여야 해.

1장 Practice 및 Review Test
저자의 블로그로 이동해보자

(정체) 확인하기와 상술하기

The man over there is Mr. Kim.

저기 저 남자가 Mr. Kim이다.

Ms. Anderson is the owner of the restaurant.

Ms. Anderson이 그 식당의 주인이다.

A: There is a new restaurant near the school.

A: 학교 근처에 새로 생긴 식당이 있어.

B: I know, and you know what? Ms. Anderson is ____ owner of ____ restaurant.

B: 나도 알고 있는데 너 그거 아니? Anderson씨가 그 식당의 주인이셔.

A: Really? I didn't know that.

A: 정말? 나는 몰랐어.

Check

위 대화의 빈칸에 공통으로 들어갈 관사를 써봅시다.

정답 the

매번 같은 명사의 반복은 지겨워!
대신해! '대명사'

안녕~ 앞의 1장에서 명사에 대해 공부하느라 정말 고생 많았어. 지금 이 글을 읽고 있다는 건 작심삼일의 늪에 빠지지 않았다는 것을 증명하는 거니까 일단 Congratulations! 이번 장도 열심히 한번 공부해볼까?

 아래 그림을 보자. 똑같은 것을 묘사하더라도 대명사를 사용하면 훨씬 짧고 효율적으로 말할 수 있어. 그림에서 '저기 나무 아래

에 누워있는 남자'라는 말 대신에 쓰인 'He'라는 말이 그런 역할을 하는데, 이렇듯 앞에 나온 명사를 대신해서 쓰인 말을 대명사 (pronoun)라고 해.

자, 그럼 대명사의 개념을 이해했는지 한번 테스트해볼까? 다음 단어들 중에서 대명사에 √표 해볼래?

Jenny(제니) ☐   she(그녀) ☐   Sangho and Mike (상호와 Mike) ☐

they(그들) ☐   it(그것) ☐

정답은 'she' 'they' 'it'이야. 대명사는 몇 가지 종류로 나눌 수 있어. 인칭대명사, 재귀대명사, 지시대명사, 부정대명사 등등. 참 많지?

자, 아직 갈 길이 멀지만 모두들 잘하고 있어. 파이팅하고 2장도 야무지게 시작해보자고!

사람을 대신한다!
인칭대명사, 재귀대명사

영어에서는 '나' '우리'를 1인칭, '너' '너희들'을 2인칭, 나머지를 3인칭이라고 해. 영어로는 person이라고 하지.

초등학교 때부터 아마 이런 거 흥얼거리면서 다니는 친구들을 많이 봤을 거야. "I, my, me, mine, you, your, you, yours…" 하면서 말이야. 이게 바로 영어의 인칭대명사들인데 다음 페이지에 나오는 표를 안 보고 쓸 수 있을 정도로 많이 연습해야 해.

기본적으로 다음 표를 알아야 영어 문장을 이해할 수 있어. 예를 들어 "나는 너를 사랑해."라는 뜻의 영어 문장을 쓰려고 할 때 '나는(I)'과 '너를(you)'에 해당하는 인칭대명사를 모르면 문장을 완성할 수 없지.

인칭	수	뜻	주격 (~은, ~는, ~이, ~가)	소유격 (~의)	목적격 (~을/를)	소유대명사 (~의 것)
1인칭	단수	나	I 나는	my 나의	me 나를	mine 내 것
	복수	우리	we 우리는	our 우리의	us 우리를	ours 우리의 것
2인칭	단수/ 복수	너/ 너희들	you 너는 / 너희들은	your 너의 / 너희들의	you 너를 / 너희들을	yours 네 것 / 너희들 것
3인칭	단수	그 (남자)	he 그는	his 그의	him 그를	his 그의 것
		그녀	she 그녀는	her 그녀의	her 그녀를	hers 그녀의 것
		그것	it 그것은	its 그것의	it 그것을	x
	복수	그들	they 그들은	their 그들의	them 그들을	theirs 그들의 것

Pop Quiz

※ **다음 우리말에 해당하는 말을 앞의 표에서 찾아 써봅시다.**

1) 나를 → _____   2) 우리의 → _____   3) 우리를 → _____

4) 너의 것 → _____ 5) 그는 → _____   6) 그녀의 것 → _____

7) 그것의 → _____ 8) 그들을 → _____

정답 1) me 2) our 3) us 4) yours 5) he 6) hers 7) its 8) them

냉정하게 이야기할게. 중학교 1학년 교과서의 1과를 집필하는 선생님들은 학생들이 영어의 인칭대명사에 대해 이미 초등학교 때 다 배우고 왔다고 가정하고 책을 쓰시기 때문에 앞의 표를 모르면 1학년 1과부터 교과서 내용이 어려울 수밖에 없어. 그러니까 내 말을 믿고 최대한 많이 반복해서 연습하자.

주격, 소유격, 목적격, 소유대명사

자, 이제 앞의 표를 좀더 세부적으로 살펴볼까?

1) 주격: 문장에서 주어로 사용(해석: '~은' '~는' '~이' '~가')

They love pizza. 그들은 피자를 좋아한다.

2) 소유격: 명사의 앞에 쓰임(해석: '~의')

I like your puppy. 나는 너의 강아지를 좋아한다.

3) 목적격: 문장에서 목적어로 사용(해석: '~을' '~를')

We love her. 우리는 그녀를 사랑한다.

4) 소유대명사: '소유격 + 명사' 역할을 함(해석: '~의 것')

It's not his bicycle. It's mine.

소유격(my) + 명사(bicycle)

그건 그의 자전거가 아니야. 그건 나의 것이야.

사실 중학교 1학년 학생들 중 상당수가 인칭대명사 표를 보면 자신은 절대 외울 수 없다고 생각하지. 또 그렇기 때문에 아주 간단한 문장 자체도 잘 이해하지 못하는 악순환이 계속 된다는 게 안쓰럽기까지 해. 이 고비만 넘기면 영어가 훨씬 더 재미있어질 텐데 말이야.

TIP

'Peter는' 'Peter의' 'Peter를' 'Peter의 것'은 어떻게?

사람 이름은 Peter(주격) – Peter's(소유격) – Peter(목적격) – Peter's(소유대명사)로 나타내. 즉 소유격과 소유대명사인 경우, 사람 이름 끝에 's를 붙이는 거지.

- Taeho is Yejin's brother. 태호는 예진이의 남동생이다.
- This watch is Jenny's. 이 손목시계는 Jenny의 것이다.

Pop Quiz

※ **다음 문장의 빈칸에 알맞은 말을 써봅시다.**

1) _____ watch TV every day. 나는 매일 TV를 본다.

2) _____ is _____ uncle. 그는 Ryan의 삼촌이다.

3) _____ is not _____ book. It's _____.
　그건 너의 책이 아니야. 그건 그녀의 것이야.

정답 1) I 2) He, Ryan's 3) It, your, hers

재귀대명사

'김밥○○'에서 김밥을 시킬 때 '물은 셀프'라고 되어 있는 거 많이 보았을 거야. 셀프(self)는 스스로 알아서 한다는 뜻이라는 것도 다들 알지? 그럼 여러분들은 재귀대명사를 이미 알고 있는 거나 다름이 없어. 왜냐고? -self 혹은 -selves로 끝나는 말들을 재귀대명사라고 부르거든.

내가 스스로 하는 거라면 myself(my + self), 그가 스스로 하는 거라면 himself(him + self)지. 나머지는 표로 정리해볼까?

인칭	단수(-self)	복수(-selves)
1인칭	myself	ourselves
2인칭	yourself	yourselves
3인칭	himself / herself / itself	themselves

이런 재귀대명사는 문장 속에서 다음과 같은 역할을 해.

1) 주어 자신을 나타낼 때 사용(해석: '~자신', 생략 불가능)

I love myself. ('I love me'는 문법적으로 틀림)

나는 나 자신을 사랑한다.

2) 강조할 때 사용(해석: '직접, 스스로', 생략 가능)

Sohee herself made this spaghetti.

소희가 이 스파게티를 직접 만들었다.

54

피러쌤, 질문 있어요!

다음 문장 속에서 boys', Girls' 다음에 s가 왜 빠져 있나요?

- That's the boys' house. 저건 그 소년들의 집이다.
- Sarang Girls' Middle School 사랑여중

좋은 질문이야. 영어에서 명사의 소유격은 명사의 뒤에 's를 붙여서 나타내는데 예외가 있어. ─s로 끝나는 복수명사의 경우 소유격을 나타낼 때 '만 붙이고 s는 붙이지 않지. 앞에서 말했지? 영어는 예외가 많은 언어라고. 아, 슬프다.

TIP

Peter looked at him. vs. Peter looked at himself.
(Peter는 그를 바라보았다. vs. Peter는 자신을 바라보았다.)

첫 번째 문장에서 him은 Peter가 아닌 다른 누군가를 뜻하고, 두 번째 문장에서 himself는 Peter 자신을 가리키고 있어.

안부 묻기와 답하기

How are you (doing)?

안녕하세요. / 어떻게 지내세요?

How is it going?

어떻게 지내세요?

I'm fine / very well.

아주 좋아요.

Not bad.

나쁘지 않아요.

A: How are you today?

A: 오늘 기분이 어때?

B: ＿＿＿ am fine.

B: 좋아.

A: How are your mom and dad?

A: 너의 엄마와 아빠는 어떻게 지내시니?

B: ＿＿＿ are okay.

B: 그들은 잘 지내셔.

 Check

우리말 해석을 참고해 위 대화의 빈칸에 알맞은 인칭대명사를 써봅시다.

정답 I, They

UNIT 5

사물을 대신한다!
지시대명사, 비인칭 주어 it

지시대명사

오늘은 지시대명사라는 녀석을 알아볼 거야. 먼저 머리도 식힐 겸 어렸을 때 읽었던 '금도끼 은도끼' 이야기의 한 장면을 살펴볼까?

산신령: Is this your ax? 이것이 네 도끼냐?

나무꾼: Yes. That's my ax. 네. 그것이 제 도끼입니다.

이 장면은 다들 기억하지? 욕심을 부리지 않은 착한 나무꾼은 금도끼 와 은도끼까지 선물로 받는다는 이야기야. 여기서 산신령이 말한 this(이 것), 나무꾼이 말한 that(그것, 저것) 같은 말들을 영어에서는 지시대명사 라고 해. 무언가를 지시하는, 즉 가리키는 말이라고 이해하면 좋겠지.

지시대명사	
단수	복수
this (이것, 이 사람)	these (이것들, 이 사람들)
that (저것, 저 사람)	those (저것들, 저 사람들)

그럼 몇 가지 예문을 살펴볼까?

- This is my pen. 이것은 내 펜이다.

- These are my pens. 이것들은 내 펜(들)이다.

- That is his key. 저것은 그의 열쇠이다.

- Those are his keys. 저것들은 그의 열쇠(들)다.

- This is my friend, Jack. 이 사람은 내 친구 Jack이다.

- These are my friends, Jack and Wendy.

  이 사람들은 내 친구(들) Jack과 Wendy다.

- That is her uncle. 저분은 그녀의 삼촌이다.

- Those are her uncles. 저분들은 그녀의 삼촌들이다.

Pop Quiz

※ **다음 문장에서 지시대명사에 밑줄 쳐봅시다.**

1) This is Jack, and that's his sister.
2) These are roses, and those are sunflowers.

정답 1) This, that 2) These, those

TIP

동격의 콤마(comma)

"This is my friend, Jack."에서 중간에 쓰인 comma(,)는 '동격'을 나타내. 즉 comma 앞 뒤에 있는 말이 똑같다는 것을 의미하지(my friend = Jack).

She is my cousin, Lisa. 그녀는 내 사촌인 Lisa다. (my cousin = Lisa)

비인칭 주어 it

UNIT 4에서 공부했던 대명사 it은 '그것'이라는 뜻을 갖고 있는 단어였어. 기억하니? 그런데 다음 상황에서 it은 어떤 뜻을 갖고 있을까?

남자: What time is it? 몇 시인가요?
여자: (시계 보면서) It's five o'clock. 5시 정각입니다.

남자가 한 말을 "그것은 몇 시인가요?"라고 해석하거나, 여자가 한 말을 "그것은 5시 정각입니다."라고 해석한 사람은 없겠지? 이렇듯 it이 문장 속에서 아무 뜻 없이 사용되는 경우가 있는데 이때의 it을 '비인칭 주어'라고 해. 다음과 같은 상황에서 사용되곤 하지.

1) 날씨

A: How is the weather today? 오늘 날씨가 어때?
B: It's sunny today. 오늘 날씨는 맑아.

2) 시간

A: What time is it now? 지금 몇 시니?

B: It's 2:20. 2시 20분이야.

3) 날짜

A: What's the date today? 오늘은 며칠이니?

B: It's October 14th. 10월 14일이야.

4) 요일

A: What day is it today? 오늘은 무슨 요일이니?

B: It's Friday. 금요일이야.

시간과 날짜 읽는 방법은 16장의 **12**에서 자세히 알려줄게.

이제부터는 문장 속에 it이 있을 때 먼저 '그것'이라고 해석해보고, 해석이 자연스럽지 않다면 비인칭 주어일지 모른다는 의심을 해보는 게 좋

Pop Quiz

다음 중 비인칭 주어 it이 사용된 문장을 골라봅시다.

A. It's cold today.　　　B. It's my soccer ball.　　C. It's ten o'clock.

D. It is Tom's new bike.　E. It's Sunday.　　　　F. It is May 15th.

정답 A, C, E, F

을 거야. 그만큼 영어에서 자주 사용되는 용법이거든.

자, 지금까지 지시대명사와 비인칭 주어 it에 대해 공부했어. 완벽하진 않지만 개념에 대한 이해가 조금은 되었을 거야. 계속 반복해서 보다보면 100% 이해되는 날이 꼭 오니까 나를 믿고 매일 매일 조금씩! 알지?

이번 UNIT을 끝내기 전에 보너스로 한 가지 개념을 더 알려줄게. 다음 예문을 살펴볼래?

This is my guitar. 이것은 내 기타다.

위 문장에서 This는 지시대명사로 사용되었어. '이것'이라는 의미로 말이야. 그런데 다음 문장에서는 어떨까?

This guitar is mine. 이 기타는 내 것이다.

위 문장 속 This는 뒤에 있는 명사인 guitar를 꾸며주고 있어. 이렇듯 this와 that은 대명사로 쓰일 때도 있지만 명사를 꾸며주는 형용사 역할을 할 때도 있어.

그런데 중요한 건 말이야, 나 피러쌤이 여러분 나이 때는 이런 걸 구분하는 게 중요했지만 현대영어에서는 전혀 중요하지 않다는 거야. 어떤 뜻이라는 것만 알면 되지.

이번 UNIT도 쉽지 않았지? 그래도 여기까지 잘 참고 따라와줘서 너무 고마워. 앞에서 말한 적 있지? Practice Makes Perfect! 노력과 연습은 절대 배신하지 않아. Please trust me!

피러쌤, 질문 있어요!

this와 that은 뭐가 다른가요?

일반적으로 말하는 사람과 가까운 곳에 있는 사람이나 사물을 가리킬 때 this 혹은 these 를 사용하고, 멀리 있는 사람이나 사물을 가리킬 때 that 혹은 those를 사용해. 우리말로 생각해보면 이해가 빠를 거야. 바로 옆에 있는 건 '이것'이라고 하고, 저 멀리 있는 건 '저 것'이라고 하니까.

- This is my puppy. 이것은 내 강아지야.
- That's Tom's puppy. 저것은 Tom의 강아지야.

• 교과서 속 의사소통 기능 5 •

다른 사람 소개하기

Peter, this is Jenny.
Peter야, 얘는 Jenny야.
Peter, I'd like you to meet my friend, Jenny.
Peter야, 나는 네가 내 친구 Jenny를 만났으면 좋겠어.
Peter, I'd like to introduce Jenny.
Peter야, 내가 Jenny를 소개해 주고 싶어.

Yuri: Peter, I'd like you to meet my friend, Jenny.

유리: Peter야, 나는 네가 내 친구 Jenny를 만났으면 좋겠어.

Peter: Hi, Jenny. Nice to meet you.

Peter: 안녕, Jenny. 만나서 반가워.

Yuri: Jenny, this is Peter.

유리: Jenny야, 얘는 Peter야.

Jenny: Hi, Peter.

Jenny: 안녕, Peter.

Check

위 대화에서 '이 사람'이라는 뜻의 지시대명사를 찾아 밑줄 쳐봅시다.

정답 this

이름 모를 명사야,
내가 대신할게! 부정대명사

혹시 UNIT 3을 공부할 때 '부정관사'에 대한 설명을 했던 적이 있는데 기억 나니? 부정관사에서 부정(不定)은 '정해지지 않은'이라는 뜻이라고 했어.

오늘 설명하려고 하는 부정대명사의 '부정' 역시 정해지지 않았다는 뜻 이야. 즉 정해지지 않은 불특정 사람 혹은 사물 등을 대신하는 대명사를 뜻하지.

종업원: (이름 모를 꽃 한 송이를 들고) Would you like to buy this flower?
People like this one very much.
이 꽃을 사고 싶으신가요? 사람들이 이것을 아주 좋아하지요.

손님: Oh, really? Then I'll buy some.
오, 정말요? 그럼 제가 조금 살게요.

이 대화에 사용된 one과 some처럼 정확하게 정해지지 않는 수나 양을 나타내는 대명사를 '부정대명사'라고 하는데, 다시 한 번 말하지만 '부정대명사' 같은 어려운 용어들을 다 외울 필요는 없어. 사실 마음 같아서는 이런 용어들을 벌써부터 가르쳐주고 싶은 생각이 없지만 아직 학교 현장이나 학원 등에서 많이 사용하는 용어라서 알고 있으면 도움이 되기는 하지.

어쨌든 용어들을 일부러 외우지는 말고 공부하다 보면 자연스럽게 외워지게 될 거야.

자, 그럼 본격적으로 자세하게 한번 공부해볼까?

some vs. any

some과 any는 '약간' '조금' '몇 개' 등의 뜻으로 사용되는데, 일반적으로 some은 긍정문에 any는 부정문과 의문문에 써. 긍정문? 부정문? 의문문? 미안, 아직 가르쳐주지도 않은 개념을 언급해버렸네. 그런데 어쩌지? 여기서는 이 개념을 언급할 수밖에 없는데.

긍정문, 부정문, 의문문에 대한 설명은 UNIT 8에서 할 건데 궁금한 사람은 UNIT 8을 먼저 보고와도 상관없어. It's up to you.

1) some: 일반적으로 긍정문에 사용함

- Do you have coins? I need some.

    너 동전 있니? 내가 조금 필요하거든.

- They made some cookies. 그들은 약간의 쿠키를 만들었다.

첫 번째 예문의 some은 some coins를 의미해. 그리고 두 번째 예문의 some은 사실 뒤의 명사를 꾸며주니까 대명사라고 볼 수 없는데, some 과 any는 이렇게 명사 앞에 쓰이는 경우가 많으니까 some과 any의 전 체적인 쓰임에 대해 같이 설명할게.

2) any: 일반적으로 부정문과 의문문에 사용함

- Do you have coins? I don't have any.

  너 동전 있니? 나는 조금도 없거든.
- Did they make any cookies? 그들은 쿠키를 좀 만들었니?

여기서도 첫 번째 예문의 any는 any coins를 의미해.

예외적으로 some이 권유나 요청을 나타내는 의문문에 사용되고, any 는 '어떤 ~라도'라는 뜻의 긍정문에 사용되는 경우도 있어.

- Would you like some cookies? 쿠키를 좀 드실래요?
- Any child can do it. 어떤 아이라도 그것을 할 수 있다.

TIP

something / anything, somebody(someone) / anybody(anyone)

얘들도 위에서 설명한 some과 any 규칙과 똑같다고 생각하면 돼.

(긍정문) I want to eat something. 나는 무언가 먹고 싶다.
(부정문) I don't want to eat anything. 나는 어떤 것도 먹고 싶지 않다.

※ 다음 문장의 빈칸에 some 혹은 any를 써봅시다.

1) I need _____ paper.
2) I don't need _____ paper.

정답 1) some 2) any

결론을 말하자면 일반적으로 some은 긍정문에, any는 부정문과 의문문에 사용되지만 가끔은 some이 의문문에, any가 긍정문에 사용될 수도 있다는 거지.

또 나왔지? 영어 규칙의 예외들! 이런 게 종종 나올 때마다 영어가 어렵게 느껴질 거야. 그래도 이겨내야 돼. 알겠지?

one

one은 앞에 나온 명사와 같은 종류의 불특정한 사람 혹은 사물을 나타낼 때 사용하는 부정대명사야. 즉 앞에 나온 명사가 다시 언급되는 것을 피하기 위해 사용하는 거지.

- My bag is too old. I need a new one.

  내 가방이 너무 오래되었어. 나는 새것(bag)이 필요해.

- Are you looking for a Korean restaurant? I know one.

  너 한국 식당을 찾고 있니? 나 한군데(a Korean restaurant) 알아.

- A: Do you like this blue T-shirt?

  A: 당신은 이 파란색 티셔츠가 마음에 드시나요?

  B: Yes, and I like this red one, too.

  B: 네, 그리고 이 빨간색(T-shirt)도 마음에 들어요.

그렇다면 앞에 언급된 명사가 복수형이면 어떻게 할까? 맞아! 답은 one 에 s를 붙인 ones! 아래 문장들을 한번 비교해볼까?.

- This cup is dirty. I need a clean one.

  이 컵이 더럽다. 나는 깨끗한 것(cup)이 필요하다.

- These cups are dirty. I need clean ones.

  이 컵들은 더럽다. 나는 깨끗한 것들(cups)이 필요하다.

여기서 잠깐 one과 it의 차이점에 대해 살펴볼게. 우선 다음 예문을 보자.

1) Did you see my bag? Oh, no. Where is it?

   너 내 가방을 보았니? 오, 이런. 그것이 어디에 있을까?

2) My bag is too old. I need a new one.

   내 가방이 너무 오래되었어. 나는 새것이 필요해.

1)번 예문에서 it은 딱 '내 가방'을 집어서 이야기하는 것이고, 2)번 예문에서 one은 가방은 가방인데 앞 문장에서 말한 내 가방이 아닌 '다른 가방'을 이야기하는 거지. 즉 it은 앞에 언급된 명사를 가리키지만 one은 앞에 언급된 명사와 같은 종류의 다른 것을 가리킨다는 말이야.

2장 Practice 및 Review Test
저자의 블로그로 이동해보자

주제 소개하기

Let's talk about **SNS**.
SNS에 대해 이야기해보자.
I'd like to say something about **school rules**.
저는 교칙에 대해 무언가 말하고 싶습니다.

Student: I'd like to say(something/anything) about our school rules.

학생: 저는 교칙에 대해 무언가 말하고 싶습니다.

Teacher: Okay. Go ahead.

교사: 그래. 말해보렴.

Student: I can't do many things at school because of the rules.

학생: 저는 그 규칙들 때문에 학교에서 많은 것들을 할 수 없어요.

Teacher: I can't do many things at school because of the rules, either.

교사: 나도 그 규칙들 때문에 학교에서 많은 것들을 할 수 없단다.

Check

우리말 해석을 참고해 위 대화의 괄호 속 표현 중 알맞은 것을 골라봅시다.

정답 something

~이다, (~에) 있다
'be동사'

• 이번 장에서는 무엇을 배울까? •

Hey, guys! How are you? 이번 장에서는 'be동사'란 녀석에 대해 공부해볼 거야. 사실 2장에서 배운 대명사보다 지금 나오는 be동사가 더 쉬울 거야. 왜냐하면 이 책을 보는 여러분들 모두 be동사, 즉 am, is, are에 대해 최소한 들어본 적은 있을 테니까.

자, 그렇다면 be동사의 개념에 대해 먼저 살펴볼까?

아래 그림에 나오는 am, is, are를 영어에서 be동사(be-verb)라

고 해. '~이다' 혹은 '(~에) 있다'라고 해석을 하지.

be동사는 주어에 따라 또한 시제에 따라 5가지 중에 하나가 쓰일 수 있어. 현재일 때는 am, is, are 중에 하나를 쓰고, 과거일 때는 was, were 중에 하나를 쓰지.

이번 장에서는 이 5가지의 be동사를 각각 어떤 경우에 쓰는지 알아보고, 또한 긍정문, 부정문, 의문문은 어떻게 만드는지, 그리고 마지막으로 'There is ~, There are ~' 구문에 대해 공부해볼 거야.

이제 be동사를 살펴보러 가볼까? Let's go!

UNIT 7

미래 빼고 다 있다!
be동사의 현재형과 과거형

'현재'라는 말과 '과거'라는 말의 차이는 알지? 현재는 말 그대로 '지금'이라는 뜻이고, 과거는 '지난 일'이라는 뜻이잖아. be동사를 사용할 때 현재의 경우 am, is, are 중 한 가지를 쓰고, 과거의 경우 was 혹은 were를 써.

- I was hungry. 나는 배가 고팠다.
- I am full now. 나는 지금 배가 부르다.
- They were small. 그들은 작았다.
- They are big now. 그들은 이제 크다.

다음 표에 제시된 내용을 잘 살펴보면 어렵지 않게 학습할 수 있을 거야.

74

인칭대명사			be동사의 현재형 (〜이다, (〜에) 있다)	be동사의 과거형 (〜이었다, (〜에) 있었다)
단수	1인칭	I	am	was
	2인칭	you	are	were
	3인칭	he, she, it	is	was
복수	1인칭	we	are	were
	2인칭	you		
	3인칭	they		

이 표를 보면 'am, is → was' 'are → were'로 변하는 작은 규칙을 발견할 수 있지.

am, is, are

앞에서 말했듯이 현재시제인 문장 안에서 be동사는 am, is, are 중 하나를 써. 물론 주어에 따라 셋 중에 하나를 골라 쓰는 거지. 다음에서 조금 더 많은 예문을 살펴보면 좀더 확실하게 의미가 파악될 거야.

Pop Quiz

※ 다음 인칭대명사와 시제에 맞는 be동사를 위의 표에서 찾아 써봅시다.

1) I → _____ (현재)   2) you → _____ (과거)   3) he → _____ (현재)

4) we → _____ (과거)   5) they → _____ (현재)   6) it → _____ (과거)

정답 1) am 2) were 3) is 4) were 5) are 6) was

1) ~이다

- I am a student. 나는 학생이다.
- He is my English teacher. 그는 내 영어 선생님이시다.
- Tony and his brother are short. Tony와 그의 남동생은 키가 작다.

2) (~에) 있다

- I am in my room. 나는 내 방에 있다.
- Yuri is at school now. 유리는 지금 학교에 있다.
- We are in the elevator. 우리는 엘리베이터 안에 있다.

am, is, are 중 어떤 것을 써야 하는지 결정하는 것은 바로 앞에 있는 주어야. 앞 페이지에서 본 표와 아래 Tip에 해당하는 내용만 알고 있으면 be동사와 관련된 어떤 문제도 다 풀 수 있으니까 반복해서 읽어줄래?

TIP

인칭대명사가 아닌 다른 것이 주어로 쓰였다면?

주어 자리에 인칭대명사가 아닌 다른 말이 쓰였다면 일단 그것이 단수인지 복수인지 구분한 다음 단수인 경우 is를 복수인 경우 are를 사용하면 게임 끝!

- The book is mine. 그 책은 내 것이다. (단수)
- The books are mine. 그 책들은 내 것이다. (복수)
- Peter is my friend. Peter는 내 친구이다. (단수)
- Peter and Jenny are my friends. Peter와 Jenny는 내 친구들이다. (복수)

Pop Quiz

※ 다음 문장의 빈칸에 알맞은 be동사를 써봅시다.

1) I _____ a middle school student.

2) She _____ in the restroom.

3) The women _____ beautiful.

정답 1) am 2) is 3) are

was, were

자, 여기에서는 이것만 기억합시다!

be동사의 현재형
am, is
are

→

be동사의 과거형
was
were

1) ~이었다

- I was a student. 나는 학생이었다.

- He was my English teacher. 그는 내 영어선생님이셨다.

- Tony and his brother were short.

  Tony와 그의 남동생은 키가 작았다.

2) (~에) 있었다

- I was in my room. 나는 내 방에 있었다.

• Yuri was at school. 유리는 학교에 있었다.

• We were in the elevator. 우리는 엘리베이터 안에 있었다.

피러쌤, 질문 있어요!

다음 문장에서 괄호 안에 들어갈 be동사는 is인가요, are인가요?

The balls in the box (is / are) mine.
그 상자 안에 있는 공들은 내 것이다.

혹시 토익(TOEIC)시험, 텝스(TEPS)시험 같은 말을 들어본 적 있니? 여러분이 조금 더 나이가 들면 한 번쯤은 보게 될 시험인데, 지금 질문한 문제는 이런 시험들에서 거의 매번 나오는 낚시용 문제야. 얼핏 보면 be동사 바로 앞에 있는 단어(box)가 단수니까 is를 써야 할 거 같지만 이 문장의 주어는 box가 아니라 The balls(복수)거든. 즉 '상자'가 주어가 아니라 '(상자 안에 있는) 공들'이 주어이기 때문에 복수 주어에 맞는 be동사인 are를 써줘야 하는 거야.

이런 문제가 시험에 종종 출제되기 때문에 무턱대고 be동사 바로 앞에 있는 말이 주어라고 믿어서는 안 돼. 우리말로 해석해 보고 문장의 주어가 뭔지 확실히 파악한 후에 거기에 맞는 be동사를 써야 하는 거지.

비난 거부하기

It wasn't my fault.
그건 내 잘못이 아니었어.
It was a mistake.
그건 실수였어.

Police Officer: You killed the ant.
경찰관: 당신이 그 개미를 죽였어요.

Elephant: Yes, but it _____ a mistake.
코끼리: 네, 하지만 그건 실수였어요.

Police Officer: A mistake?
경찰관: 실수요?

Elephant: Yes. I just stepped on his feet.
코끼리: 네. 그냥 발을 살짝 밟았을 뿐이에요.

 Check

위 대화의 빈칸에 들어갈 알맞은 be동사를 써봅시다.

정답 was

UNIT 8

이다! 아니다! 이니?
be동사의 긍정문, 부정문, 의문문

우리는 살면서 긍정적이라는 말과 부정적이라는 말을 종종 하는데, 다음 대화 속에서 연아와 지수 중 긍정적인 생각을 하고 있는 사람은 누굴까?

연아: 나는 똑똑해. 나는 할 수 있어. 나는 성공할 거야.

지수: 나는 똑똑하지 않아. 나는 할 수 없어. 나는 성공하지 못할 거야.

맞아. 연아는 매사에 긍정적이고, 지수는 매사에 부정적이지.

영어에서도 긍정문과 부정문이라는 게 있어. be동사가 쓰인 문장에서 긍정문은 '~이(었)다'라는 뜻으로 해석되고, 부정문은 '~이 아니(었)다'라는 뜻으로 해석되지. 그리고 또 하나, 의문문이라는 게 있는데 의문문은 물어본다는 뜻이니까 '~이(었)니?'라고 해석되지.

80

TIP

긍정문, 부정문, 의문문을 구별하는 기초적인 방법!

문장이 마침표(.)로 끝나는 것 중에서 not이 있으면 부정문, 없으면 긍정문이라고 볼 수 있어. 또한 문장이 물음표(?)로 끝난다면 의문문이라고 볼 수 있지.

몇 가지 예문을 살펴볼까?

(긍정문) He was in Busan. 그는 부산에 있었다.

(부정문) He was not in Busan. 그는 부산에 있지 않았다.

(의문문) Was he in Busan? 그는 부산에 있었니?

부정문

be동사가 쓰인 문장에서 부정문을 만드는 규칙은 아주 간단해.

긍정문	주어	be동사		나머지	.
부정문	주어	be동사	not	나머지	.

감이 오니? 긍정문에서 부정문으로 바꿀 때 뭐가 들어갔지? 맞아. 바로 not이라는 단어가 be동사 뒤에 들어가면 부정문이 되는 거야.

- I am James. → I am not James.

  나는 James다. → 나는 James가 아니다.

- He was in the bathroom. → He was not in the bathroom.

  그는 욕실에 있었다. → 그는 욕실에 있지 않았다.

- Wendy is 15 years old. → Wendy is not 15 years old.

  Wendy는 15살이다. → Wendy는 15살이 아니다.

- They are sleepy. → They are not sleepy.

  그들은 졸립다. → 그들은 졸리지 않다.

- Tony and Lisa were in the park. → Tony and Lisa were not in the park.

  Tony와 Lisa는 공원에 있었다. → Tony와 Lisa는 공원에 없었다.

자, 요약해볼까? be동사가 있는 문장을 부정문, 즉 '~아니다'의 뜻으로 바꾸려면 그 문장 속에 있는 be동사(am, is, are, was, were) 뒤에 not을 집어넣으면 끝! 그리고 be동사와 not은 줄여서 쓸 수도 있어!

am		→	am not('am not'은 줄여 쓰지 않음)
is		→	isn't
are	+ not	→	aren't
was		→	wasn't
were		→	weren't

Pop Quiz

※ 다음 긍정문을 부정문으로 만들고자 할 때 not이 들어갈 위치를 골라봅시다.

1) We (①) are (②) very (③) tired.

2) I (①) was (②) good (③) at (④) soccer.

3) John (①) is (②) happy (③) with (④) his (⑤) job.

정답 1) ② 2) ② 3) ②

의문문

be동사가 쓰인 문장에서 의문문은 어떻게 만들까? 이것도 아주 간단해.

뭐가 바뀌었지? 맞아. be동사와 주어의 위치가 바뀌었고, 문장의 끝에 마침표 대신 물음표를 쓰는 거야. 의문문이니까 물음표를 쓰는 건 당연하겠지. 다음 예문들을 살펴볼까?

(긍정문) He is cute. 그는 귀여워.

(의문문) Is he cute? 그가 귀엽니?

(대답) Yes, he is. 응, 그래. / No, he isn't. 아니, 그렇지 않아.

(긍정문) Jiho and Yumi were upset. 지호와 유미는 화가 났었다.

(의문문) Were Jiho and Yumi upset? 지호와 유미는 화가 났었니?

(대답) Yes, they were. 응, 맞아. / No, they weren't. 아니, 그렇지 않아.

자, 그럼 이제 긍정문, 부정문, 의문문, 대답을 정리하는 예문을 모두 읽어볼래?

(긍정문) Suji is in the classroom. 수지는 교실에 있다.

(부정문) Suji is not in the classroom. 수지는 교실에 있지 않다.

(의문문) Is Suji in the classroom? 수지는 교실에 있니?

(대답) Yes, she is. 응, 맞아. / No, she isn't. 아니, 그렇지 않아.

TIP

의문문에 대한 대답에는 인칭대명사를!

"Is Peter happy?(Peter는 행복하니?)"에 대한 대답으로 "Yes, Peter is. / No, Peter isn't." 라고 하지는 않아. 의문문에 대한 대답에는 사람 이름 같은 명사를 쓰지 않고 I, you, he, she, they, we 등의 인칭대명사를 사용해야 하거든. 따라서 "Yes, Peter is."가 아닌 "Yes, he is."를, "No, Peter isn't."가 아닌 "No, he isn't."라고 답해야 하는 거지.

피러쌤, 질문 있어요!

he로 물어보면 he로 대답하고, she로 물어보면 she로 대답하는데,
you로 물어보면 어떻게 하나요?

아주 좋은 질문이야. 이 부분은 중학생들이 헷갈려 하는 부분이라서 시험에 자주 출제되지. 아래 대화를 읽어볼래? 뭔가 어색하지? A가 너(you)에 대해 물어보았으니 B의 대답은 I(나)라고 해야 자연스러운 대화가 될 수 있어. 따라서 B는 "Yes, I am."이라고 대답해야 하는 거야.

A: Are you a middle school student? 너는 중학생이니?
B: Yes, you are. 응, 너는 중학생이야. (X)

부인하기

That isn't true.
그건 사실이 아니야.
That's not right / correct.
그건 옳지 않아.

A: Peter is a math teacher.

A: Peter는 수학 선생님이야.

B: That is not true. He is an English teacher.

B: 그건 사실이 아니야. 그는 영어 선생님이야.

A: No. He is a math teacher.

A: 아니야. 그는 수학 선생님이야.

B: That's _____ right. He is an English teacher. I know him well.

B: 그렇지 않아. 그는 영어 선생님이야. 내가 그를 잘 알거든.

 Check

위 대화의 빈칸에 알맞은 말을 써봅시다.

정답 not

86

UNIT
9

나도 있다!
There is ~, There are ~

이 표현은 정말 유용한 표현이야. 일단 다음의 우리말을 읽고 공통적으로 쓰인 말을 찾아볼래?

교실에 | 5명의 학생들이 | 있다.

책상 위에 | 책 2권이 | 있다.

상자 안에 | 무언가 | 있다.

우리말 예문들의 공통점을 발견했니?

맞아. 이 문장들의 공통점은 바로 ~에 …이/가 있다라고 해석되는 문장이라는 거야.

이렇게 해석되는 문장을 영어에서 다음과 같이 나타낼 수 있어.

There is + 단수명사 ~: ~에 이/가 있다.

There are + 복수명사 ~: ~에 이/가 있다.

- There is <u>a dog</u> on the bench. 벤치 위에 개 한 마리가 있다.
- There are <u>two cats</u> under the bench.

  벤치 아래에 고양이 2마리가 있다.

Pop Quiz

※ 다음 문장의 빈칸에 is 혹은 are를 써봅시다.

1) There _____ a boy in the car.
2) There _____ some boys in the car.

정답 1) is 2) are

TIP

전치사 in, on, under

사실 전치사는 10장에서 배울 내용들인데, 여기에서 딱 3개만 설명할게.

1) in(~안에): There is a mouse in the box. 박스 안에 쥐 한 마리가 있다.
2) on(~위에): There is a mouse on the box. 박스 위에 쥐 한 마리가 있다.
3) under(~아래에): There is a mouse under the box. 박스 아래에 쥐 한 마리가 있다.

부정문

앞에서 be동사의 부정문은 be동사 뒤에 뭐만 쓰면 된다고 했지? 그래!
not이야. 그걸 기억했다면 여기서는 더 공부할 게 없어.

긍정문	There is/are	주어	나머지	.

부정문	There is/are	not	주어	나머지	.

물론 is not을 isn't로 are not을 aren't로 쓸 수도 있지.

(긍정문) There is a toy car on the table.

　　　　테이블 위에 장난감 자동차가 있다.

(부정문) There is not(isn't) a toy car on the table.

　　　　테이블 위에 장난감 자동차가 있지 않다.

TIP

There is/are~ 구문은 부정문으로는 잘 쓰이지 않음!

이 구문은 내 눈 앞에 보이는 무언가를 묘사할 때 주로 사용하는 표현이야. 따라서 없는 것을 묘사하기 위해 사용하는 경우는 거의 없고, 특정 상황이 아니라면 부정문으로 사용될 경우 상당히 어색한 구문이라고 할 수 있어.

There is a big dog under the tree. 나무 아래에 커다란 개가 한 마리 있어.
→ 충분히 사용할 수 있는 문장

There is not a big dog under the tree. 나무 아래에 커다란 개 한 마리가 없어.
→ 부정문은 어색한 문장이 됨

(긍정문) There are many students in the playground.

운동장에 학생들이 많이 있다.

(부정문) There are not(aren't) many students in the playground.

운동장에 학생들이 많지 않다.

앞에서 be동사에 대해 열심히 공부했다면 여긴 쉽게 이해될 거야. 부정문이니까 be동사 뒤에 not을 붙이면 끝!

의문문

자, 기억력 테스트 한번 더! 앞에서 be동사에 대해 배울 때 be동사가 쓰인 문장의 의문문은 어떻게 만든다고 했지? 맞아! be동사를 문장의 제일 앞으로 이동시키고, 끝에 물음표를 붙여주는 거야.

의문문 | be동사 | 주어 | 나머지 | ?

Pop Quiz

※ 다음 문장을 부정문으로 바꾸기 위해 빈칸에 알맞은 말을 써봅시다.

1) There is a pen on the desk. → There _____ on the desk.

2) There were two people under the tree.

→ There _____ under the tree.

그렇다면 There is / are~ 구문의 의문문은 어떻게 만들까?

그렇지! 당연히 be동사인 is / are를 문장의 맨 앞으로 이동시켜야지.

| 긍정문 | There | is / are | 주어 | 나머지 | . |

| 의문문 | Is / Are | there | 주어 | 나머지 | ? |

자, 다음 예문들을 살펴볼까?

(긍정문) There is a computer in the office.

　　　　사무실에 컴퓨터가 있다.

(의문문) Is there a computer in the office?

　　　　사무실에 컴퓨터가 있니?

(대답) Yes, there is. 응, 있어. / No, there isn't. 아니, 없어.

(긍정문) There are some flowers in the garden.

　　　　정원에 꽃들이 조금 있다.

(의문문) Are there any flowers in the garden? 정원에 꽃들이 있니?

(대답) Yes, there are. 응, 있어. / No, there aren't. 아니, 없어.

참고로 긍정문에서는 some이 쓰이고, 부정문과 의문문에서는 any가 쓰인다는 건 알고 있지?

피러쌤, 질문 있어요!

그렇다면 There is / are ~ 구문의 과거시제를 만들 때
is 대신 was, are 대신 were만 쓰면 되나요?

Wow! 맞아. 이제 하나를 가르쳐주면 열을 아는구나! 과거시제 문장을 만들 때는 be동사의
과거형만 써주면 되는 거야. 예문을 살펴볼까?

1) There was a cup on the table. 테이블 위에 컵이 하나 있었다.

2) There were two cups on the table. 테이블 위에 컵이 두 개 있었다.

3) Was there a cup on the table? 테이블 위에 컵이 하나 있었니?

   Yes, there was. 응, 있었어. / No, there wasn't. 아니, 없었어.

3장 Practice 및 Review Test
저자의 블로그로 이동해보자

진술하기와 보고하기

My sister is a nurse.
우리 누나는 간호사다.
It's on the right / left.
그건 오른쪽 / 왼쪽에 있다.
There is a store on the corner.
모퉁이에 가게가 하나 있다.

A: Oh, we need more eggs.

A: 오, 우리 계란이 좀 더 필요해.

B: Yes. You're right.

B: 그래. 네 말이 맞아.

A: There(is /are) a store on the corner. Let's go there and buy some.

A: 모퉁이에 가게가 하나 있어. 거기에 가서 몇 개 사자.

B: Okay. Let's go.

B: 그래. 가자.

Check

위 대화의 괄호 속에 주어진 말 중 어법상 알맞은 것을 골라봅시다.

정답 is

이 세상의 평범한 모든 동작,
'일반동사'

잠깐! 이 글을 읽고 있는 여러분 중에 혹시 3장에서 설명한 be동사에 대해 대충 보고 온 친구들이 있을까? be동사의 개념을 이해해야 이번 장에서 설명하는 일반동사(general verb)의 개념을 잘 이해할 수 있거든. 공부하기 전에 미리 복습하는 것, 절대 잊지마!

자, 그렇다면 다들 be동사의 개념은 완전히 마스터했다고 믿고 출발해볼까?

왼쪽 페이지의 그림에서 Peter가 말한 것 중에 am, is, are를 영어에서 be동사(be-verb)라고 한다는 건 이미 다들 알고 있지? 그렇다면 work(일하다), teach(가르치다), like(좋아하다) 같은 애들은 뭘까?

이런 동사들을 일반동사라고 해. 일반적인 동사들이라고 생각하면 편할 거야. 즉 be동사도 아니고 조동사(can, will 등 7장에서 배울 거야)도 아닌 나머지 일반적인 동사들을 일반동사라고 하지.

그런데 앞의 그림에서 혹시 이상한 점을 못 봤니? Peter가 사용한 일반동사 중에 like는 그대로 쓰였는데 work와 teach는 왜 끝에 s와 es가 붙었을까? 이번 장에서 그 답을 찾을 수 있어.

일반동사는 be동사보다 조금 어려울 거야. 영어를 잘하고 못하고가 바로 여기서 결정된다고 해도 과언이 아니지. 다시 말하면 일반동사를 마스터하지 못하면 앞으로 이 책에 나오는 다른 내용을 이해하는 데 큰 어려움을 겪을 거라는 뜻이야.

그러니까 부탁 한 가지만 할게. 4장의 내용이 조금 어렵고 외울 게 많고 100번을 보더라도… 참고 또 참으며 공부해줄래? 4장까지만 제대로 알면 그래도 영어의 기본기가 잡히니까 말이야.

UNIT 10

단순한 현재형은 가라!
일반동사의 현재형과 3인칭 단수

동사는 문장 속에서 '~이다' '~하다'의 뜻으로 사용되는 말들이야.

　동사 중에서 우리는 '~이다'에 해당하는 be동사에 대해 공부했어.

기억하지?

이번 단원에서 배울 동사는 '~하다'라고 해석되는 일반동사야. be동사는 5개밖에 없었잖아. 그런데 일반동사가 총 몇 개인지 아는 사람은 이 세상에 아무도 없어. 즉 정말 너무 많다는 말이야. 그렇다고 너무 걱정하지는 마. 일반동사의 개수는 아주 많지만 우리가 꼭 알아야 하는 일반동사는 그렇게 많지 않아. "첫술에 배부르랴"라는 속담 알지? 하나씩 차근차근해 나가자고.

일반동사의 현재형

자, 먼저 일반동사의 현재형에 대해 알아볼까?

1) 의미: '~하다'– 일반적인 사실, 반복적인 습관

- I like Korean food. 나는 한국 음식을 좋아한다. (일반적인 사실)
- They usually play soccer on Sundays.
  그들은 보통 일요일마다 축구를 한다. (반복적인 습관)

※ **다음 중 be동사는 'be', 일반동사는 '일'이라고 써봅시다.**

1) is (   )   2) like (   )   3) were (   )   4) eat (   )

5) study (   )   6) are (   )   7) play (   )   8) work (   )

정답 1) be 2) 일 3) be 4) 일 5) 일 6) be 7) 일 8) 일

2) 가장 기본이 되는 일반동사 10개(반드시 외우고 넘어갑시다!)

- I play the piano. 나는 피아노를 연주한다.
- I like pizza. 나는 피자를 좋아한다.
- I study English every day. 나는 매일 영어를 공부한다.
- I want some candies. 나는 약간의 캔디를 원한다.
- I watch movies on weekends. 나는 주말에 영화를 본다.
- I have a pencil. 나는 연필 한 자루를 갖고 있다.
- I do my homework every day. 나는 매일 숙제를 한다.
- I go to school at 8:30. 나는 8시 30분에 학교에 간다.
- I buy apples almost every day. 나는 거의 매일 사과를 산다.
- I often read newspapers. 나는 종종 신문을 읽는다.

3인칭 단수

영어에서 주어가 될 수 있는 것들 중 I와 we는 1인칭, you는 2인칭이라고 하고 나머지는 모조리 다 3인칭이라고 해. 그 중 대표적인 3인칭이 he,

Pop Quiz

※ 다음 뜻에 해당하는 일반동사를 써봅시다.

1) 좋아하다 → _____ 2) 공부하다 → _____ 3) 가다 → _____

4) 사다 → _____ 5) 읽다 → _____ 6) 갖고 있다 → _____

정답 1) like 2) study 3) go 4) buy 5) read 6) have

she, they, Peter, it 등인데. 이 중에서 단수에 해당하는 he, she, Peter, it 등을 3인칭 단수라고 하는 거지.

이런 3인칭 단수가 주어로 올 때 일반동사의 현재형에는 약간의 변화가 생겨. 일반적으로 끝에 s를 붙이는데. s가 아닌 다른 게 붙는 경우도 있어. 아래 표에서 정리할게.

구분	규칙	예시
대부분의 동사	동사원형 + s	like → likes, play → plays speak → speaks, drink → drinks
s, ch, sh, o 등으로 끝나는 동사	동사원형 + es	pass → passes, watch → watches finish → finishes, go → goes, do → does
'자음 + y'로 끝나는 동사	y를 i로 고치고 es	try → tries, study → studies cf) enjoy → enjoys, say → says
불규칙		have → has

단어의 끝에 s나 es를 붙이는 거, 어디서 많이 본 것 같지 않아? UNIT 1에서 셀 수 있는 명사의 복수형 만들 때랑 비슷하지?

여기서 3인칭 단수인지 구분하는 간단한 방법을 알려줄게. 먼저 주어가 I, We면 1인칭이고, You면 2인칭이야. 그리고 주어가 I, We, You가 아니라면 단수(한 명, 한 마리, 한 개)인지 복수(둘 이상)인지 확인해. 여기서 I, We, You를 제외한 이 세상 모든 주어들 중에 단수라면 그건 모두 3인칭 단수야!

또 하나 참고로 말하면 일반동사의 현재형이 꼭 현재 일어나고 있는 일을 말하는 것은 아니야. 다음 문장을 살펴볼까?

I speak English. VS. I am speaking English.
나는 영어를 말한다. 나는 영어를 말하고 있다.

첫 번째 문장은 내가 영어를 말한다, 즉 나는 영어를 말할 줄 안다는 뜻인데 지금 현재 영어를 말하고 있다는 것은 아니야. 반면 두 번째 문장은 내가 지금 영어를 말하고 있다는 뜻이지. 첫 번째 문장은 '현재형'이고, 두 번째 문장은 '현재진행형'이야. 일반동사가 쓰인 문장에서 현재형은 일반적인 사실 혹은 반복적인 습관 등을 말하는 경우고, 지금 현재 내 눈 앞에서 일어나고 있는 건 현재진행형으로 사용하는데 이건 UNIT 16에서 배울 거니까 여기서는 넘어갈게.

피러쌤, 질문 있어요!

학교나 학원에서 선생님들이 '동사의 원형'이라는 말씀을 많이 하시던데 도대체 동사의 원형은 뭔가요?

가령 play는 문장에서 play, plays, playing, played 등으로 다양하게 사용될 수 있는데, '동사의 원형'이란 원래의 동사 형태 그대로, 즉 s, ing, ed 등을 붙이지 않은 형태의 동사를 뜻하지. 다시 말해서 plays, playing, played가 아닌 play를 '동사의 원형' 혹은 '동사원형'이라고 부르는 거야. (참고: be동사에서는 조금 달라. be동사에서 동사의 원형은 바로 'be'야. 다시 말하면 am의 동사의 원형도 be고, are의 동사의 원형도 be지.)

정의하기

It means I love you.
그건 내가 당신을 사랑한다는 뜻이다.
The meaning of my name is beautiful flowers.
내 이름의 의미는 아름다운 꽃이다.

Mihwa: Saranghae, David.

미화: 사랑해, David.

David: What does 'Saranghae' mean?

David: '사랑해'는 무슨 뜻이야?

Mihwa: It _____ I love you.

미화: 그건 내가 너를 사랑한다는 뜻이야.

David: Okay. Ditto.

David: 그래. Ditto.

Mihwa: What does 'ditto' mean?

미화: 'ditto'는 무슨 뜻이야?

David: It _____ 'Me, too.'

David: 그건 '나도'라는 뜻이야.

Check

위 대화의 빈칸에 공통으로 들어갈 알맞은 말을 써봅시다.

정답 means

일반동사에도 있다!
긍정문과 부정문, 그리고 의문문

UNIT 8에서 공부했던 be동사의 긍정문, 부정문, 의문문 기억나니? 그걸 기억한다면 이번 UNIT에서 배울 내용이 크게 어렵지는 않을 거야.

혹시 바이킹 타는 것 좋아해? 사실 나는 좋아하지 않아. 솔직히 말하면 너무 무서워. 다음 그림 속에서 여자는 바이킹 타는 것을 좋아한다고 말하고 있어. 그러면서 남자에게 묻고 있지. 바이킹 타는 것을 좋아하냐고. 하지만 남자는 그렇지 않다고 말하고 있어.

그럼 다음 문장들을 좀더 자세히 분석해볼까?

(긍정문) I like this ride. 나는 이 놀이기구가 좋아.

(의문문) Do you like it? 너는 그것을 좋아하니?

(부정문) I don't like it. 나는 그것을 좋아하지 않아.

　be동사가 있는 문장에서 not이 있으면 부정문이고, be동사가 문장의 제일 앞에 있으면서 문장 끝이 물음표로 끝나면 의문문이라고 했잖아.

　일반동사가 있는 문장도 비슷해. 문장에 don't나 doesn't가 있으면 부정문이고, 문장이 Do나 Does로 시작하면 의문문이야.

※ 다음 문장에서 긍정문은 '긍', 부정문은 '부', 의문문은 '의'라고 써봅시다.

1) They study hard. (　　)

2) They don't study hard. (　　)

3) Do they study hard? (　　)

정답 1) 긍 2) 부 3) 의

부정문

일반동사가 쓰인 문장에서 부정문을 만드는 규칙은 다음과 같아.

긍정문	주어	일반동사	나머지	.

부정문	주어	do not/does not	일반동사(동사원형)	나머지	.

즉 일반동사의 앞에 do not[don't] 혹은 does not[doesn't]을 써서 부정문을 만드는 거야. 그렇다면 여기서 퀴즈 하나 낼까?

어떤 경우에 don't를 쓰고, 어떤 경우에 doesn't를 쓰는 걸까?

다음 예문을 보면 답을 찾을 수 있을 거야.

1) Dogs like cats. → Dogs don't like cats.

   개들은 고양이들을 좋아한다. → 개들은 고양이들을 좋아하지 않는다.

2) I eat breakfast. → I don't eat breakfast.

   나는 아침을 먹는다. → 나는 아침을 먹지 않는다.

3) He has a bicycle. → He doesn't have a bicycle.

   그는 자전거를 갖고 있다. → 그는 자전거를 갖고 있지 않다.

4) Jenny loves Peter. → Jenny doesn't love Peter.

   Jenny는 Peter를 사랑한다. → Jenny는 Peter를 사랑하지 않는다.

자, 찾았니? 맞아. 주어가 3인칭 단수일 때는 don't 대신 doesn't를 사용하는 거야.

여기에서 아주 중요한 게 한 가지 있어. 바로 don't와 doesn't 다음에는 반드시 동사원형을 사용해야 한다는 거야. 특히 doesn't가 쓰일 때 주의해야 하는데 앞의 3)번, 4)번 문장을 다시 써볼게.

- He has a bicycle. → He doesn't have a bicycle.
- Jenny loves Peter. → Jenny doesn't love Peter.

밑줄 친 부분이 has와 loves가 되면 안 된다는 말이니까 꼭 명심해야 해. 중학교 시험에 출제되는 단골 문제거든.

의문문

일반동사가 쓰인 문장에서 의문문은 어떻게 만들까? 이것도 아주 간단해. Take a look!

긍정문	주어	일반동사	나머지	.
의문문	Do/Does	주어	일반동사(동사원형)	나머지	?

Pop Quiz

※ 다음 문장에서 don't 혹은 doesn't를 선택해봅시다.

1) Tom and I (don't / doesn't) play computer games.
2) The puppy (don't / doesn't) run fast.
3) Michael (don't / doesn't) eat meat.

정답 1) don't 2) doesn't 3) doesn't

문장의 제일 앞에 Do 혹은 Does만 쓰면 게임 끝! 대신 이때도 일반동사는 반드시 동사원형의 형태로 써야 하는 걸 꼭 명심해야 해.

(긍정문) They live in Incheon. 그들은 인천에 산다.

(의문문) Do they live in Incheon? 그들은 인천에 사니?

(대답) Yes, they do. 혹은 No, they don't. 응, 맞아. / 아니, 그렇지 않아.

(긍정문) He studies English. 그는 영어를 공부한다.

(의문문) Does he study English? 그는 영어를 공부하니?

(대답) Yes, he does. 혹은 No, he doesn't. 응, 맞아. / 아니, 그렇지 않아.

(긍정문) The mice like cheese. 그 쥐들은 치즈를 좋아한다.

(의문문) Do the mice like cheese? 그 쥐들은 치즈를 좋아하니?

(대답) Yes, they do. 혹은 No, they don't. 응, 맞아. / 아니, 그렇지 않아.

(긍정문) Jihyun knows the secret. 지현이가 그 비밀을 안다.

(의문문) Does Jihyun know the secret? 지현이가 그 비밀을 알고 있니?

(대답) Yes, she does. 혹은 No, she doesn't.

　　　응, 맞아. / 아니, 그렇지 않아.

위 의문문에서 동사원형(live, study, like, know)을 써야 하는 게 핵심이야. 당연히 여러분의 중학교 영어 선생님께서는 이런 부분들을 시험에 자주 출제하시겠지.

피러쌤, 질문 있어요!

그런데 주어가 3인칭 단수일 때는 왜 don't가 아닌 doesn't를 쓰나요?

앞에서 재미없는 규칙 한 가지를 배웠잖아. 주어가 3인칭 단수(he, she, it 등)일 때 동사의 끝에 s를 붙인다고 했지. 이때 예외적으로 s, sh, ch, o 등으로 끝나는 동사일 경우 s가 아닌 es를 붙인다고 했지? 기억나니? 그렇다면 do는 뭐로 끝날까? o로 끝나잖아. 그러니까 es를 붙여서 does가 되는 거야.

TIP

불변의 진리: 조동사 + 동사원형

대부분의 영어 규칙에는 예외가 많지만 '조동사' 다음에 동사원형을 쓴다는 규칙에는 예외가 없어. 일반동사의 부정문이나 의문문에서 동사원형을 써야 하는 이유는 do와 does가 조동사이기 때문이야.

이의 제기하기

I don't think so.
나는 그렇게 생각하지 않아.
I don't agree (with you).
나는 (네게) 동의하지 않아.
I'm against the idea.
나는 그 아이디어에 반대한다.

A: Let's take a taxi.

A: 택시를 타고 가자.

B: I _____ agree. There are a lot of cars on the street.

B: 나는 동의하지 않아. 길에 차들이 많이 있거든.

A: Then let's take a subway.

A: 그럼 지하철을 타고 가자.

B: All right. Let's go!

B: 좋아. 가자!

Check

우리말 해석을 참고해 위 대화의 빈칸에 알맞은 말을 써봅시다.

정답 don't

110

UNIT 12

나도 과거 있는 동사야!
일반동사의 과거형

be동사의 과거형은 was와 were, 이렇게 딱 2가지였잖아. 그러면 일반동사의 경우는 어떨까? 다음은 우리말을 영어로 번역한 건데, 잘 살펴보면 일반동사의 과거형을 만드는 규칙을 찾을 수 있을 거야.

(우리말) 나는 오전에 농구했어.

(영어) I played basketball in the morning.

(우리말) 나는 오후에 내 방을 청소했어.

(영어) I cleaned my room in the afternoon.

우리말에서는 과거에 있었던 일을 말할 때 '-았-/-었-' 등을 사용해.

- 먹다. → 먹었다.

- 보다. → 보았다.

- 가다. → 갔다.

- 여행하다. → 여행했다.

영어에도 이런 역할을 하는 녀석이 있는데 바로 ed라는 녀석이야. 과거의 의미를 뜻하는 우리말의 '-았-/-었-'에 해당하는 게 바로 ed인 거지.

결국 일반동사의 과거형은 동사의 끝에 ed를 붙이면 된다는 말씀!

그런데 딱 여기까지면 얼마나 좋을까? 내가 계속 말했지? 영어의 규칙에는 예외가 많다고. 여기도 예외가 많아.

다시 말하면 일반동사의 과거형을 만들 때 동사의 끝에 ed를 붙이기만 하면 되는 동사들이 있고, 그렇지 않은 동사들이 있다는 말이야.

Pop Quiz

※ 주어진 단어의 끝에 ed를 붙여서 과거형 동사를 써봅시다.

1) I _____(play) tennis last night.

2) We _____(watch) a movie this morning.

3) They _____(cook) delicious food yesterday.

정답 1) played 2) watched 3) cooked

지금부터 좀더 자세히 설명할게.

규칙변화

일반동사의 과거형 만드는 규칙이 뭐라 그랬지? 맞아! 동사의 끝에 ed를 붙이는 거야. 그런데 아주 살짝 주의해야 할 것들이 있어. 아래 표를 잘 살펴볼래?

구분	규칙	예시
대부분의 동사	동사원형 + ed	play → played, watch → watched walk → walked, need → needed
e로 끝나는 동사	동사원형 + d	like → liked, live → lived smile → smiled, move → moved
'자음 + y'로 끝나는 동사	y를 i로 고치고 ed	study → studied, cry → cried try → tried
'자음 + 모음 + 자음'으로 끝나는 동사	마지막 자음을 한 번 더 쓰고 ed	stop → stopped, plan → planned

규칙변화라고 했는데 따지고 보면 사실 규칙이 아닌 것 같지? '무슨 규칙에 이렇게 복잡한 변수들이 많아?' 하고 생각하는 친구도 많을 거야.

불규칙변화

중학교 1학년 학생들이 가장 힘들어하는 부분이 바로 여기야. 불규칙변화를 나타내는 너무도 많은 동사들을 외워야 하기 때문이지. 교과서나 참고서 제일 뒷면에 보통 이런 불규칙동사들을 적어놓은 걸 볼 수 있을 거야. 아니면 인터넷에 '불규칙변화' 혹은 '불규칙동사' 등으로 검색해 보면

쫘악 나오지.

아래 표는 그중 일부를 나타낸거야.

모음만 바뀌는 경우	그냥 막 변하는 경우	현재형과 같은 경우
come → came win → won drink → drank swim → swam get → got ⋮	go → went do → did buy → bought have → had eat → ate take → took ⋮	cut → cut put → put read[riːd] → read[red] ⋮

(참고: 부록 〈불규칙 동사표〉, 396 ~ 398쪽)

과거형의 부정문, 의문문

과거시제일 경우 부정문과 의문문은 어떻게 만들까? 앞에서 do의 과거
가 did라는 걸 공부했다면 다음 내용이 훨씬 쉬울 거야.

부정문 | 주어 | did not(didn't) | 일반동사(동사원형) | 나머지 | .

의문문 | Did | 주어 | 일반동사(동사원형) | 나머지 | ?

정리하면 일반동사가 사용된 과거시제 문장의 부정문을 만들 때 일반
동사의 앞에 did not(didn't)을 쓰고, 의문문을 만들 때는 문장의 제일 앞
에 Did를 써주는 거야.

(긍정문) He bought apples. 그는 사과를 샀다.

(부정문) He didn't buy apples. 그는 사과를 사지 않았다.

(의문문) Did he buy apples? 그는 사과를 샀니?

(대답) Yes, he did. / No, he didn't. 응, 맞아. / 아니, 그렇지 않아.

Pop Quiz

※ **다음 동사의 과거형을 써봅시다.**

1) cut → _____ 2) swim → _____ 3) buy → _____ 4) eat → _____

정답 1) cut 2) swam 3) bought 4) ate

피러쌤, 질문 있어요!

과거시제일 때 주어가 3인칭 단수일 경우 s를 붙이나요?

과거시제일 때는 긍정문, 부정문, 의문문 모두 s를 붙이지 않아.

- He went home. (O) 그는 집에 갔다.

  He wents home. (X)
- She didn't like pizza. (O) 그녀는 피자를 좋아하지 않았다.

  She didn't likes pizza. (X)

4장 Practice 및 Review Test
저자의 블로그로 이동해보자

반복 요청하기

What did you say?

너 뭐라고 했니?

I beg your pardon?

다시 한 번 말씀해주실래요?

Would you say that again?

그걸 다시 말씀해주시겠습니까?

A: I'll keep my fingers crossed for you.

A: 내가 너의 행운을 빌게.

B: Sorry, but what did you said?

B: 미안하지만 너 뭐라고 말했니?

A: I'll keep my fingers crossed for you. It means good luck.

A: 'I'll keep my fingers crossed for you.'라고 말했어. 그건 행운을 빈
다는 말이야.

B: Oh, thank you.

B: 오, 고마워.

 Check

위 대화에서 어법상 <u>틀린</u> 것을 찾아 바르게 고쳐봅시다.

정답 said → say

문장에서 중요한 만큼
종류도 다양한 '동사'

지금까지 우리가 배운 동사에는 어떤 것들이 있었는지 기억나니? 그래, 동사에는 be동사, 일반동사, 조동사가 있는데 우리가 지금까지 배운 건 be동사와 일반동사야. 기억나지?

동사는 '~이다' 혹은 '~하다' 등으로 해석되는데, 문장에서 없어서는 안 되는 아주 중요한 역할을 하고 있어. 그러니까 모든 문장에 동사가 있다고 해도 과언이 아니지.

이 세상 모든 영어문장들을 분석해보면 다음의 5가지 종류로 나눌 수 있어. 사실 아주 엄밀하게 말하면 더 많은 종류로 나눌 수도 있는데, 우리나라에서는 그냥 5가지로 많이 나누지.

- Peter smiled. Peter는 미소지었다.
- Peter is happy. Peter는 행복하다.
- Peter loves his daughter. Peter는 그의 딸을 사랑한다.
- Peter gave her a doll. Peter는 그녀에게 인형을 주었다.
- Peter calls her a princess. Peter는 그녀를 공주라고 부른다.

이런 걸 수십 년간 우리나라 영어책에서는 1형식, 2형식, 3형식, 4형식, 5형식이라고 이야기해 왔어. 들어본 적 있을 거야. 앞으로도 학교나 학원에서 들을 거고, 어떤 문법책에서나 이야기하는 거지. 그런데 웃긴 건 정작 원어민들은 이게 무슨 말인지 모른다는 거야. 즉 우리나라에서만 편의상 이렇게 구분한다는 거지.

그래서 나는 중대한 결심을 했어. 이 책에서는 1~5형식이라는 표현을 사용하지 않으려고 해. 조금은 다른 접근 방식으로, 그리고 중요한 것들만 설명하려고 해. 자, 시작해볼까?

목적어를 좋아하는
동사

동사 중에는 목적어가 필요한 동사들이 있어. 가령 love 같은 동사를 생각
해볼까? love를 사용할 때 목적어(~을/를) 없이 사용할 수 있을 거 같니?

사랑하는 사람에게 "I love."라고 말한다면 그 사람은 뭐라고 할까? 아
마도 "You love what?"이라고 말하면서 답답해할지도 몰라. 왜냐하면
"I love."에는 '무엇을'에 해당하는 말이 없잖아. 그럼 어떻게 말해야 할
까? 맞아.

I love you.

즉 you(너를) 같은 목적어가 있어야 문장의 의미가 명확해지는 거야.

지금까지 여러분이 알던 일반동사들 중에 이렇게 목적어와 함께 쓰이
는 동사들이 아주 많아. 예를 들어볼까? 밑줄 친 부분이 목적어야!

- He likes soccer. 그는 축구를 좋아한다.

- I watched TV last night. 나는 지난밤에 TV를 보았다.

- Yumi reads books every day. 유미는 매일 책을 읽는다.

- I don't know him. 나는 그를 알지 못한다.

- We took some pictures there. 우리는 거기에서 사진을 몇 장 찍었다.

목적어 2개와 함께 쓰이는 동사

목적어가 필요한 동사들 중에는 목적어가 하나가 아닌 2개 필요한 애들이 있어. 다음 예를 읽어볼래? 잠깐! 여기서 목적어는 우리말로는 '~을' '~를' 혹은 '~에게'라고 해석되는 말인 건 알고 있지?

- I gave him three dollars. 나는 그에게 3달러를 주었다.

- I showed him my new computer.

  나는 그에게 내 새 컴퓨터를 보여주었다.

- I told him a funny story. 나는 그에게 재미있는 이야기를 말해주었다.

Pop Quiz

※ 다음 문장에서 동사에 네모를, 목적어에 밑줄을 쳐봅시다.

1) She speaks English.
2) They play soccer after school.
3) Ryan has breakfast at 7:00.

정답 1) 동사: speaks 목적어: English 2) 동사: play 목적어: soccer 3) 동사: has 목적어: breakfast

- I bought <u>him</u> <u>a book</u>. 나는 그에게 책을 한 권 사 주었다.

- I made <u>him</u> <u>a chair</u>. 나는 그에게 의자를 만들어주었다.

- I asked <u>him</u> <u>a few questions</u>. 나는 그에게 몇 가지 질문을 했다.

위 예문들에서 him은 첫 번째 목적어이고, three dollars, my new computer, a funny story, a book, a chair, a few questions는 두 번째 목적어야. 이때 첫 번째 목적어는 '~에게'라고 해석되고, 두 번째 목적어는 '~을' '~를'이라고 해석되지.

이렇게 목적어가 2개 필요한 동사들은 잘 생각해보면 그 이유가 있어. 가령 give(주다)라는 동사를 생각해보면 목적어를 하나만 쓸 경우 의미전달을 확실하게 할 수가 없어. 그래서 이런 동사들에는 목적어가 2개 필요한 거지. 즉 "I gave him. 나는 그에게 주었다." "I gave three dollars. 나는 3달러를 주었다."보다 "I gave him three dollars. 나는 그에게 3달러를 주었다."라고 해야 의미가 명확해지는 거야.

Pop Quiz

※ **주어진 단어의 순서를 재배열해 빈칸에 알맞은 말을 써봅시다.**

1) She gave _____. (an apple, me)

   그녀는 내게 사과 하나를 주었다.

2) They showed _____. (the map, Peter)

   그들은 Peter에게 그 지도를 보여주었다.

정답 1) me an apple 2) Peter the map

122

목적어의 순서 바꾸기

목적어가 2개 들어가는 문장에서는 목적어의 순서를 바꿔 쓸 수도 있어.
단, 이때는 2개의 목적어 사이에 'to'라는 녀석이 들어가지.

- I gave him three dollars. 나는 그에게 3달러를 주었다.

  = I gave three dollars to him.

- I showed him my new computer.

  나는 그에게 내 새 컴퓨터를 보여주었다.

  = I showed my new computer to him.

그런데 말이야, to말고 for나 of를 써야 하는 동사들도 있어.

- I bought him a book. 나는 그에게 책을 한 권 사 주었다.

  = I bought a book for him.

- I asked him a few questions. 나는 그에게 몇 가지 질문을 했다.

  = I asked a few questions of him.

to, for, of를 사용하는 동사들을 정리하면 다음과 같아.

to를 사용하는 동사	give, show, send, tell, teach …
for를 사용하는 동사	buy, make, build …
of를 사용하는 동사	ask …

이걸 좀더 쉽게 외우고 싶다면 이렇게 한번 외워봐. 혼자 할 수 없으면 to! 혼자 할 수 있으면 for! 물론 어느 정도 예외는 있지만 말이야.

여기까지 배우면서 여러분들은 이런 궁금증을 가질지도 몰라. '과연 1형식, 2형식, 3형식, 4형식, 5형식이라는 말은 몰라도 될까?' 영어를 가르치다보면 이 개념을 알고 있는 학생들이 영어 독해를 좀더 빠르게 하는 걸 발견할 때가 있어. 그러니까 여러분이 영어 최상위권이 되고 싶다면 이 개념을 어느정도 아는 것도 나쁘지 않고, 그렇지 않다면 이런 용어들 자체는 몰라도 전혀 상관없어.

TIP

옛날 영어와 요즘 영어

옛날에는 선생님이 칠판에 'I gave him the ball.'이라고 쓰시고 "분석해봐."라고 말씀하시면 학생들은 "이 문장은 4형식 문장으로서 주어 + 동사 + 목적어1(간접목적어) + 목적어2(직접목적어) 형태로 되어있으며 뜻은 '나는 그에게 그 공을 주었다'입니다."라고 대답했지. 하지만 요즘에는 문장 속 단어의 쓰임을 아주 자세하게 분석할 필요는 없어. 그냥 '나는 그에게 그 공을 주었다.'라는 뜻 정도만 알고 있어도 충분하지.

좋아하는 것 묻기

Do you like basketball?

너 농구 좋아하니?

What do you like?

너는 무엇을 좋아하니?

What's your favorite sport?

네가 가장 좋아하는 스포츠가 뭐니?

Peter's fan: What's your favorite sport?

Peter의 팬: 가장 좋아하는 스포츠가 무엇인가요?

Peter: My favorite sport is basketball. Do you like basketball?

Peter: 내가 가장 좋아하는 스포츠는 농구입니다. 농구 좋아하나요?

Peter's fan: Yes. Who is your favorite basketball player?

Peter의 팬: 네. 가장 좋아하는 농구선수는 누군데요?

Peter: Kobe Bryant.

Peter: Kobe Bryant입니다.

Check

위 대화에서 목적어로 사용된 단어를 하나 찾아 밑줄 쳐봅시다.

정답 Do you like basketball?

UNIT
14

보어를 좋아하는
동사

지금부터 우리가 공부할 내용의 키워드는 '보어'라는 녀석이야. 보어는 쉽게 말하면 '보충해주는 말'이야. 의미를 보충해주는 말이라는 뜻이지. 경민이와 진원이의 말을 잘 보자.

경민: I am

진원: I am hungry.

경민이는 뭐라고 말하는 걸까? "나는 … 이다."라고 말하고 있지? 뭔가 답답하지 않니? 도대체 뭘 말하려고 하는 거야? 이렇듯 I am 다음에는 '보충해주는 말'이 필요한데, 진원이는 그 보충해주는 말을 정확하게 하고 있어. hungry라고 말이야.

여기서 무언가 보충해주는 말을 '보어'라고 하는데 주어의 의미를 보충해주는 말을 주격보어, 목적어의 의미를 보충해주는 말을 목적격보어라고 해.

- He is sleepy. (주격보어) 그는 졸린다.
- They look happy. (주격보어) 그들은 행복해보인다.
- She calls me a prince. (목적격보어)

  그녀는 나를 왕자님이라 부른다.
- I found this game funny. (목적격보어)

  나는 이 게임이 재미있다는 것을 알게 되었다.

주격보어가 필요한 동사

앞에서 보어를 뭐라고 했지? 맞아. 보충해주는 말! 주어의 의미를 보충해주는 말을 '주격보어'라고 하는 거야. 다음 문장들에서 주어에 대해 보충해주는 말을 찾아봐! 그게 바로 주격보어야.

- Peter is. → Peter가 어떻다고?
- Peter is handsome. → 아하! Peter가 잘생겼다고!

  (주어) (동사) (주격보어)
- The boy became. → 남자애가 어떻게 되었다고?
- The boy became famous. → 아하! 남자애가 유명해졌다고!

  (주어)   (동사)   (주격보어)

- The pizza tasted. → 피자가 맛이 어땠다고?
- The pizza tasted great. → 아! 피자가 맛있었다고!
  (주어)　　(동사) (주격보어)

- She looks. → 그녀가 어때 보인다고?
- She looks cute. → 아! 그녀가 귀여워보인다고!
  (주어) (동사) (주격보어)

이렇듯 be동사(am, is, are, was, were), become, 감각동사(look, sound, taste, smell, feel) 같은 것들이 바로 주격보어를 필요로 하는 동사라고 할 수 있지.

목적격보어가 필요한 동사
목적격보어가 필요한 경우를 살펴볼까?

1) 목적격보어가 명사(구)인 경우
- We call the dog. → 우리가 그 개를 뭐라고 부른다고?
- We call the dog Merry. → 아하! Merry라고 부른다고!
  (주어) (동사) (목적어) (목적격보어)

- I made him. → 내가 그를 만들었다고? 내가 신인가?
- I made him a famous chef. → 아! 유명 요리사로 만들었다고!
  (주어) (동사) (목적어) (목적격보어)

128

2) 목적격보어가 형용사인 경우

- We found the test. → 그 시험이 어떻다고?

- We found the test difficult. → 아! 시험이 어렵다는 걸 알았다고!
  (주어) (동사) (목적어) (목적격보어)

- The food made me. → 그 음식이 날 만들었다고?

- The food made me happy. → 아! 음식이 날 행복하게 만들었다고!
  (주어) (동사) (목적어)(목적격보어)

- He keeps his room. → 그가 그의 방을 유지한다고?

- He keeps his room clean. → 아하! 깨끗하게 유지한다고!
  (주어) (동사) (목적어) (목적격보어)

사실 목적격보어가 될 수 있는 것들이 몇 개 더 있는데, 여기에서는 2개 (명사(구), 형용사)만 알고 넘어가자고! 여러분들이 이 책을 덮게 만들고 싶지 않으니까. 목적격보어가 필요한 동사들도 여기에 나오는 call, make, find, keep 정도만 알면 문제 없어!

TIP

다양한 목적격보어와 쓸 수 있는 make

1) 명사(구): I made him an actor. 나는 그를 배우로 만들었다.
2) 형용사: I made him happy. 나는 그를 행복하게 만들었다.
3) 동사: I made him go home. 나는 그를 집에 가게 만들었다.

피러쌤, 질문 있어요!

"They made him a doctor." 와 "They made him a pizza."에서
a doctor와 a pizza 모두 목적격보어로 쓰인 건가요?

재, 문장을 한 번 분석해볼까?

"They made him a doctor. 그들은 그를 의사로 만들었다." 다시 말해서 him = a doctor 관계가 성립되기 때문에 him은 목적어이고 a doctor는 목적격보어인 거야.

하지만 "They made him a pizza. 그들은 그를 피자로 만들었다." 아니지. 그에게 피자를 만들어 준거지! 다시 이야기하면 이 문장에서는 him ≠ a pizza 관계이기 때문에 him과 a pizza 모두 목적어에 해당하는 거야.

슬픔 표현하기

I'm (very / so) sad / unhappy.
나는 (아주) 슬프다.
That makes me (really) sad.
그게 나를 (정말) 슬프게 만든다.

PE teacher: Please stay in the classroom today.

체육 선생님: 오늘은 교실에 있어라.

Student: Why, sir?

학생: 왜요, 선생님?

PE teacher: It's raining now.

체육 선생님: 지금 비 와.

Student: Oh, really? That _____(me, sad, makes).

학생: 오, 정말요? 그게 저를 슬프게 하네요.

Check

괄호 안에 주어진 단어의 순서를 재배열해 위 대화의 빈칸에 알맞은 말을 써봅시다.

정답 makes me sad

UNIT 15

우린 그룹으로 뭉친다!
감각동사, 사역동사, 지각동사

다시 한번 느끼지만 우리말이 더 어려운 것 같아, 그렇지? 감각동사? 사역 동사? 지각동사? 하지만 너무 어려워할 거 없어. 자, 쉽게 설명해줄게.

감각동사

우리 몸에는 오감이라는 게 있어. 바로 '시각' '청각' '미각' '후각' '촉각' 이라는 거지. 다들 들어보았지? 영어에도 똑같은 게 있는데 시각은 look, 청각은 sound, 미각은 taste, 후각은 smell, 촉각은 feel을 사용해서 나타 내지.

이런 감각동사(혹은 '오감동사'라고 부르는 사람도 있어.)는 다음 2가지 규 칙으로 사용할 수 있어.

1) 감각동사 + 형용사: ∼하게 …하다	2) 감각동사 + like + 명사(구): ∼처럼 …하다
(시각) She looks beautiful. 그녀는 아름다워 보인다. (청각) It sounds good. 그것은 좋게 들린다. (미각) The candy tasted delicious. 그 캔디는 맛있었다. (후각) The soup smelled nice. 그 수프는 좋은 냄새가 났다. (촉각) The baby's skin feels soft. 그 아기의 피부는 부드럽게 느껴진다.	(시각) She looks like a princess. 그녀는 공주처럼 보인다. (청각) It sounds like a good idea. 그것은 좋은 생각처럼 들린다. (미각) The candy tasted like coffee. 그 캔디는 커피 같은 맛이 났다. (후각) The soup smelled like butter. 그 수프는 버터 같은 냄새가 났다. (촉각) The baby's skin feels like silk. 그 아기의 피부는 비단처럼 느껴진다.

Pop Quiz

※ 주어진 말 중 어법에 맞는 것을 골라봅시다.

1) The boy looks (a king / like a king). 2) I feel (happy / like happy).

3) It smells (great / like great). 4) The cake tasted (milk / like milk).

정답 1) like a king 2) happy 3) great 4) like milk

TIP

감각동사 시험 문제 유형 정리

1) 틀린 문장 찾기 She looks like happy. (X) She looks a doll. (X)

2) 순서 재배열 (tastes, like, tomatoes, it) → It tastes like tomatoes.

3) 빈칸 채우기 It sounds _____ a great idea. (정답: like)

사역동사

군대에서 갑자기 밖에 비가 와서 배수로를 파는 작업을 할 때 각 소대별로 3명씩 연병장 앞으로 삽을 들고 모이라고 하지. 이때 모인 군인들을 '사역병'이라고 해. 즉 일하는 병사라는 뜻이지.

사역은 일을 시킨다는 뜻이야. 따라서 사역동사는 '무언가를 다른 사람에게 시킨다.'라는 의미를 갖고 있는 동사를 말해.

영어에서 사역동사라고 하면 딱 3개만 알고 있으면 돼. 그것은 바로 make, have, let!

- I made him do his homework. (강제로 시킨다는 느낌)

  나는 그가 숙제를 하게 만들었다.

- I had him do his homework. (make보다 강제성이 줄어든 느낌)

  나는 그가 숙제를 하게 했다.

- I let him do his homework. (그가 먼저 한다고 해서 나는 그냥 허락해준 느낌)

  나는 그가 숙제를 하게 해주었다.

1) 의미: ~가 …하게 시키다(…하게 하다, …하게 허락하다)

2) 구성: 사역동사 + 목적어 + 동사원형

- My mom made me go to bed early.

  우리 엄마는 내가 일찍 자게 만들었다.

- The doctor had her take care of the patient.

  그 의사는 그녀에게 그 환자를 돌보게 했다.

• His parents didn't let him travel alone.

그의 부모님은 그가 혼자 여행하게 허락하지 않으셨다.

Pop Quiz

※ 주어진 말 중 어법에 맞는 것을 골라봅시다.

1) We made Peter (clean / cleans) the room.

우리는 Peter가 그 방을 청소하게 만들었다.

2) I let him (use / used) my cell phone.

나는 그가 내 휴대전화를 사용하게 해주었다.

정답 1) clean 2) use

TIP

help도 사역동사?

make, have, let은 반드시 동사원형을 써야 되는 동사들인데, help의 경우는 동사원형을 써도 되고 to부정사(to + 동사원형)를 써도 되는 동사야.

• Jackie helped me (to) do my homework.

Jackie는 내가 숙제하는 것을 도와주었다.

• I didn't help her (to) make pizza.

나는 그녀가 피자 만드는 것을 도와주지 않았다.

지각동사

지각동사? 지각은 한자로 知覺이라고 써.

"나는 그 사실을 이미 지각하고 있다." 이런 말들 가끔 듣잖아. 쉽게 말해 '지각하다'라는 말은 이미 어떤 일에 대해 '보거나' '들어서' 알고 있다는 뜻이야.

그래서 영어에서 '보다'의 뜻을 갖고 있는 see와 '듣다'의 뜻을 갖고 있는 hear 같은 단어들을 지각동사라고 하지.

1) 지각동사 종류: see, hear, smell, feel

왜 smell과 feel은 작게 표시했을까? 너무 많이 알려고 하면 힘들 수 있으니까 일단 see랑 hear만 알아도 충분하다는 의미로 작게 표시했어. 앞의 2개가 훨씬 많이 쓰이니까.

2) 구성

① 지각동사 + 목적어 + 동사원형

- I saw Jenny dance on the stage.

  나는 Jenny가 무대 위에서 춤추는 모습을 보았다.
- Jason heard someone shout at him.

  Jason은 누군가가 그에게 소리치는 것을 들었다.
- He felt the dog lick his fingers.

  그는 그 개가 그의 손가락을 핥는 것을 느꼈다.

② 지각동사 + 목적어 + ~ing

- I saw him <u>waiting</u> for the bus.

  나는 그가 버스를 기다리고 있는 것을 보았다.

- Jay heard someone <u>crying</u>.

  Jay는 누군가 울고 있는 소리를 들었다.

- We smelled something <u>burning</u>.

  우리는 무언가 타고 있는 냄새를 맡았다.

피러쌤, 질문 있어요!

'지각동사 + 목적어' 다음에는 동사원형이 올 수도 있고

~ing가 올 수도 있다고 하셨는데요,

그럼 "I saw Peter dance."와 "I saw Peter dancing."은 100% 똑같은 뜻인가요?

엄밀하게 말하면 100% 똑같은 뜻은 아니야. 가령 Peter가 (공연 같은 데서) 춤을 춘다는 사실을 알고 내가 관객석에 앉아서 처음부터 끝까지 다 보았다면 "I saw Peter dance."를 쓰는 게 더 어울리는 거고, 내가 지나가다가 음악 소리가 나서 옆을 보았는데 Peter가 춤을 추고 있는 걸 보았다면(Peter가 춤을 추기 시작한 게 먼저고 내가 본 건 그 후일 때) "I saw Peter dancing."을 쓰는 게 더 어울리는 거지.

5장 Practice 및 Review Test
저자의 블로그로 이동해보자

기쁨 표현하기

That's great!
그것 멋지다!
I feel (very / so) happy / glad.
나는 (아주) 기쁘다.
I'm glad to **hear that.**
나는 그 소식을 들어서 기쁘다.

Son: Mom, I had a math exam today.

아들: 엄마, 저 오늘 수학 시험을 보았어요.

Mom: How did it go?

엄마: 어떻게 되었어?

Son: I got an A.

아들: A를 받았어요.

Mom: Congratulations! I feel so(happy / happily).

엄마: 축하한다. 아주 기쁘구나.

Son: Thank you.

아들: 감사해요.

Check

위 대화의 괄호 속 표현 중 어법상 맞는 것을 골라봅시다.

정답 happy

138

6장

좀더 다양한 시제를 원한다면!
'진행, 미래, 완료'

현재, 과거, 미래… 이렇게 부르는 것들을 '시제'라고 하는데, 이번 장에서는 조금 더 다양한 시제를 살펴보려고 해.

지금까지 우리는 '현재'와 '과거'라는 시제에 대해 살펴보았어. 모두 지금까지 잘 해왔고, 중간 중간 힘든 시기가 있었을 텐데 잘 이겨내주어서 고마워.

이번 장에서는 '진행' '미래' '완료' 시제에 대해 배우려고 해.

그림을 자세히 봐. 왼쪽부터 한번 볼까? 남자가 현재 뭐 하고 있지? 맞아. 현재 파리에서 여행하고 있지? 진행중인 일을 나타낼 때 우리는 진행형시제를 사용해. 가운데 그림에서 현재 남자가 여행을 하고 있니? 아니지! 지금이 아니라 앞으로 하려고 하지? 그걸 미래시제라고 해. 말 그대로 미래!

오른쪽 그림은 현재완료시제! 솔직하게 말하면 현재완료시제는 한국 사람의 99%가 그 의미를 100% 다 이해하기 힘든 녀석이야. 왜냐하면 우리말에 없는 개념이기 때문이지.

미안하지만 이 책으로 여러분들은 현재완료를 100% 이해하는 상위 1%가 될 수 없어. 그런데 이건 약속할 수 있어. 100%를 다 이해하지 못해도 영어를 사용하는 데 불편함은 전혀 없도록 해줄게.

UNIT
16

현재 진행하느냐! 과거에 진행했느냐!
현재진행형과 과거진행형

진행형은 비교적 쉬운 시제야. 그 의미가 어렵지 않다는 뜻이지. 제목을 보면 그 의미가 그 속에 다 들어가 있잖아. 현재진행형은 말 그대로 현재 진행중이라는 거고, 과거진행형은 말 그대로 과거에 진행하고 있었다는 거지.

앞의 그림을 보고 아래 질문과 답변을 읽어볼래?

(질문 1) 지금 Jenny는 뭐 하고 있니?
(답변 1) 지금 그녀는 피자를 먹고 있어.

(질문 2) 11시에 Jenny는 뭐 하고 있었니?
(답변 2) 그때 그녀는 TV를 보고 있었어.

(질문 3) 10시에 Jenny는 뭐 하고 있었니?
(답변 3) 그때 그녀는 책을 읽고 있었어.

위 답변 3개 모두 진행형시제를 사용하고 있어. 답변 1은 현재 진행되고 있는 일을 말하는 거니까 현재진행형의 뜻이고, 답변 2와 3은 현재가 아닌 1시간 혹은 2시간 전에 어떤 일이 진행되고 있었는지 말하는 거니까 과거진행형이 되는 거지. 자, 그럼 완전 중요한 것 한 가지! 진행형의 공식은?

be동사 + 동사원형ing

현재진행형

진행형 공식 'be동사 + 동사원형ing'에서 be동사를 현재시제로 사용하면 그게 바로 현재진행형시제가 되는 거야. 간단히 말하면 다음과 같지.

am / is / are + 동사원형ing: (지금) ~하고 있다, ~하고 있는 중이다

- I am listening to music. 나는 음악을 듣고 있는 중이다.
- He is studying math. 그는 수학을 공부하고 있다.
- They are playing soccer. 그들은 축구를 하고 있는 중이다.

TIP

'동사원형ing'는 뭘 어떻게 하라는 거지?

앞에서 동사원형이라는 개념은 배웠지? 동사의 끝에 s, ed 등이 붙지 않은 원래 모습 그대로를 동사원형이라고 하잖아! 이 동사원형 다음에 ing를 붙인다는 뜻이야.

look → looking, read → reading, study → studying

※ 진행형시제의 공식을 써봅시다.

진행형 = _____ + _____

정답 be동사 + 동사원형ing

이렇게만 끝나면 얼마나 좋을까? 하지만 영어는 예외가 많은 언어라고 앞에서 말했던 거 기억나니? 예를 들어서 주어가 3인칭 단수일 때 현재 시제 문장의 일반동사 끝에 s를 붙인다는 규칙이 있었는데 s, sh, ch, o 등으로 끝나면 s가 아닌 es를 붙이고, '자음 + y'로 끝나면 y를 i로 고치고 es를 붙인다는 등의 각종 예외들이 있었잖아.

미안한데 '동사원형ing'를 만들 때도 예외가 좀 있어.

구분	규칙	예시
대부분의 동사	동사원형ing	play → playing, watch → watching walk → walking, eat → eating
e로 끝나는 동사	e를 빼고 ing	make → making, come → coming smile → smiling, move → moving
'자음 + 모음 + 자음'으로 끝나는 동사	마지막 자음을 한 번 더 쓰고 ing	run → running, plan → planning swim → swimming, get → getting

- Jack is eating pizza. Jack은 피자를 먹고 있는 중이다.
- I am making a birthday cake.
  나는 생일 케이크를 만들고 있는 중이다.
- They are moving the box together.
  그들은 함께 그 상자를 옮기고 있다.
- The dogs are running fast. 그 개들은 빠르게 달리고 있다.

외우기가 많이 힘들지? 앞에서 말했지만 영어를 사용하는 모든 사람들이 이미 이렇게 쓰고 있기 때문에 우리도 그냥 외울 수밖에 없어.

과거진행형

어제 낮 1시쯤 여러분은 뭘 하고 있었지? 점심으로 짜장면을 먹고 있었던 사람도 있을 거고, 낮잠을 자고 있던 사람도 있을 거야. 또 이 책을 보면서 현재진행형을 공부한 사람도 있었겠지.

이렇듯 '과거의 특정 시점에 어떤 일을 하고 있었다'라는 의미를 과거진행형으로 나타낼 수 있는데, 공식은 현재진행형 공식에서 be동사만 과거형으로 바꿔주면 돼.

자, 설마 지금 6장을 공부하고 있는데 am, is, are의 과거형이 기억나지 않는 사람은 없겠지?

was / were + 동사원형ing: (그때) ~하고 있었다, (그때) ~하고 있는 중이었다

- I was listening to music. 나는 음악을 듣고 있는 중이었다.
- He was studying math. 그는 수학을 공부하고 있었다.
- They were playing soccer. 그들은 축구를 하고 있었다.

Pop Quiz

※ **다음 단어의 진행형 형태를 써봅시다.**

1) write → _____ 2) drink → _____ 3) sleep → _____
4) plan → _____ 5) come → _____ 6) cut → _____

정답 1) writing 2) drinking 3) sleeping 4) planning 5) coming 6) cutting

TIP

과거진행형과 친한 when(~할 때)

과거진행형은 '~하고 있었다'라는 뜻을 갖고 있잖아. '그럼 언제 그러고 있었던 건데?'라는 의문을 자연스럽게 갖게 될 거고, 따라서 과거진행형은 그 '언제'에 해당하는 뜻을 가진 말들이랑 자주 쓰이는데 대표적인 예가 접속사 when이라는 녀석이야. 이건 UNIT 30에서 배울 건데 일단 '~할 때'라는 뜻을 갖고 있다는 것만 알아두자고.

When I saw Peter, he was having lunch.
내가 Peter를 보았을 때 그는 점심을 먹고 있었다.

피러쌤, 질문 있어요!

진행형시제의 부정문과 의문문은 어떻게 만드나요?

진행형은 'be동사 + 동사원형ing'잖아. be동사가 있는 문장의 부정문과 의문문 만드는 방법 기억나니? 진행형도 똑같아. UNIT 8을 참고해봐.

(부정문) be동사 다음에 not 쓰기

They are playing soccer. → They are not playing soccer.
그들은 축구를 하고 있다.   그들은 축구를 하고 있지 않다.

(의문문) be동사를 문장의 제일 앞으로 이동

They are playing soccer. → Are they playing soccer?
그들은 축구를 하고 있다.   그들은 축구를 하고 있니?

희망이나 기대 표현하기

I hope you like my gift.
당신이 내 선물을 좋아하기를 희망합니다.
I'm looking forward to meeting him.
나는 그를 만나기를 고대하고 있다.
I can't wait for my summer vacation.
얼른 여름방학이 되었으면 좋겠어요.

A: Where are you going?

A: 너 어디 가는 중이니?

B: I'm going to the airport. My boyfriend is coming back from Canada.

B: 나는 공항에 가는 중이야. 남자친구가 캐나다에서 돌아오고 있거든.

A: Oh, did he finish studying?

A: 오, 그가 공부를 다 끝낸 거니?

B: Yes. I'm _____(look) forward to meeting him.

B: 응. 나는 그를 만나기를 고대하고 있어.

Check

우리말 해석을 참고해 위 대화의 빈칸에 알맞은 말을 써봅시다.

정답 looking

막연한 예측이냐! 예정된 계획이냐!
미래형 will과 be going to

지금까지 현재형, 과거형, 현재진행형, 과거진행형시제에 대해 배웠어. 오늘은 미래형에 대해 배울 차례야. 자, 준비됐지?

먼저 간단한 질문 하나 할게. will과 be going to는 똑같은 뜻일까? will과 be going to는 미래를 뜻한다는 점에서 같다고 볼 수 있지만 그 의미는 조금 달라. 애매하지? 다음 예문 2개를 살펴보면서 그 차이점을 설명해줄게.

1) She will have dinner with Vincent some day.

   그녀는 언젠가 Vincent와 저녁을 먹을 것이다.

2) She is going to have dinner with Vincent today.

   그녀는 오늘 Vincent와 저녁을 먹을 것이다.

1)에서 그녀는 Vincent와 저녁을 먹을 거라고 말하고 있지만 어떤 것
도 결정된 건 없는 상황이야. 심지어 Vincent는 그녀가 그런 생각을 갖고
있는 걸 모르고 있을 수도 있지. 한편 2)에서는 두 사람이 저녁 식사를 함
께한다는 사실이 이미 계획되어 있는 상태야. 정리해볼까?

1) will: 주어의 의지 혹은 미래에 대한 막연한 예측

'will + 동사원형'

- I will learn Chinese. 나는 중국어를 배울 거야.
  → 언제부터인지 모르지만 지금 현재 그런 의지를 갖고 있음을 나타냄
- My son will teach English in the future.
  내 아들은 미래에 영어를 가르칠 거야.
  → 그런데 실제 미래에 어떻게 될지는 아무도 모름

2) be going to: 이미 예정된 계획

'be going to + 동사원형'

- I am going to learn Chinese. 나는 중국어를 배울 거야.
  → 중국어 학원을 등록한 상태이거나 배울 계획이 구체적으로 있는 상태임
- My son is going to teach English from next month.
  내 아들은 다음 달부터 영어를 가르칠 거야.

→ 영어교사 시험에 합격한 상태거나 실제 다음 달부터 가르칠 계획이 있

는 상태임

TIP

그렇다면 will은 be going to와 같은 건가, 다른 건가?

위에서 살펴보았듯이 원칙적으로는 의미상 약간의 구분을 두는 게 맞지만 실전에서는 이
둘을 구분하지 않았다고 해서 틀렸다고 말할 수는 없어. 다시 말해서 be going to 대신
will을 썼다고 해서 틀렸다고 말할 수 없다는 이야기지. 하지만 최대한 그 의미를 생각하고
구분해서 쓰면 조금 더 원어민에 가까운 영어를 구사할 수 있을 거야.

※ will이 들어갈 부분에 ✓표 해봅시다.

    1) It (①) rain (②) tomorrow. 내일 비가 올 거야.
    2) They (①) travel (②) to (③) Paris. 그들은 파리로 여행을 갈 거야.

정답 1) ① 2) ①

부정문과 의문문

1) 부정문

will <u>not</u> + 동사원형 / be <u>not</u> going to + 동사원형

앞에서 be동사가 쓰인 문장의 부정문을 만들 때 be동사 다음에 not을 썼잖아. 그것과 똑같아. will 다음에 not만 붙이면 끝!

- It will be cold tomorrow. 내일 날씨가 추울 것이다.
  → It will not be cold tomorrow. 내일 날씨가 춥지 않을 것이다.
- He is going to study in the library. 그는 도서관에서 공부할 것이다.
  → He is not going to study in the library.
  그는 도서관에서 공부하지 않을 것이다.

2) 의문문

Will + 주어 + 동사원형~?/be동사 + 주어 + going to + 동사원형~?

의문문도 will이나 be동사를 문장의 제일 앞으로 보내면 끝!

- It will be cold tomorrow. 내일 날씨가 추울 것이다.
  → Will it be cold tomorrow? 내일 날씨가 추울까?
  (대답) Yes, it will./No, it will not(won't).
  응, 그럴 거야./아니, 그렇지 않을 거야.
- He is going to study in the library. 그는 도서관에서 공부할 것이다.
  → Is he going to study in the library?
  그는 도서관에서 공부할 거니?
  (대답) Yes, he is./No, he isn't. 응, 그럴 거야./아니, 그렇지 않을 거야.

Pop Quiz

※ **다음 문장의 부정문과 의문문을 완성해봅시다.**

1) They will buy a house. 그들은 집을 살 것이다.

(부정문) They _____ _____ buy a house.

(의문문) _____ they _____ a house?

2) Paul is going to call me. Paul은 나에게 전화할 것이다.

(부정문) Paul _____ _____ _____ to call me.

(의문문) _____ Paul _____ to call me?

정답 1) will not, Will, buy 2) is not going, Is, going

TIP

will에 대해 어디까지 아니?

1. 조동사: will은 조동사라는 녀석인데 바로 다음에 나오는 7장에서 자세하게 다룰 거야.

2. 줄임말

1) will not은 줄여서 won't라고 쓸 수도 있어.

I will not go to bed now. = I won't go to bed now.
나는 지금 자러 가지 않을 거야.

2) 앞에 있는 대명사 주어와 함께 줄여서 I'll, It'll 등으로 쓸 수도 있어.

I will take a walk after lunch. = I'll take a walk after lunch.
나는 점심 식사 후에 산책을 할 거야.

현재형과 현재진행형이 미래의 뜻으로 쓰일 때

미래형이 딱 will 혹은 be going to 정도로 끝나면 좋은데 다른 게 쓰일 때가 있어. 역시 영어가 쉽지 않지? 어렵지만 그걸 이겨냈을 때 성취감도 짜릿하지.

다음 2가지가 조금 어렵게 느껴진다면 지금 다 이해할 필요는 없어. 이 책을 다 읽고 두 번째 읽을 때는 지금보다 훨씬 쉽게 다가올 테니까 걱정하지 말고 어렵다면 그냥 패스해! 여기에서는 일단 will과 be going to의 의미를 알았다면 그걸로 충분함!

1) 현재형이 미래의 뜻으로 쓰일 때: 스케줄 혹은 시간표 등과 같이 이미 고정되어 있는 일을 말할 때

- The bus leaves in 10 minutes. 버스는 10분 후에 출발할 거야.
- The store opens at 10:00 a.m. today.
  그 가게는 오늘 오전 10시에 문을 열거야.

2) 현재진행형이 미래의 뜻으로 쓰일 때: be going to와 마찬가지로 이미 계획되거나 확정된 미래를 나타낼 때

- He is leaving tomorrow. 그는 내일 떠날 것이다.
  = He is going to leave tomorrow.
- I'm having dinner with Irene tonight.
  나는 오늘 밤 Irene과 저녁을 먹을 것이다.
  = I'm going to have dinner with Irene tonight.

피러쌤, 질문 있어요!

우리 삼촌이 그러는데 현재진행형은 '가까운 미래'를 나타낼 때 쓰인대요.

'가까운 미래'는 정확하게 어떤 뜻인가요?

삼촌이 나랑 나이가 비슷하신 거 같은데. 내가 여러분 나이 때 학교 선생님들께서 그런 말씀을 하셨지. 많은 문제집에서도 그런 개념을 말했고(사실 요즘 나오는 문제집에서도 이런 말을 아직까지 사용해). 현재진행형이 가까운 미래를 나타낼 때 쓴다고 하는데 그럼 가까운 미래는 언제까지를 말하는 걸까? 사람마다 가까운 미래에 대해 다르게 생각할 수 있어. 따라서 '가까운 미래'라고 설명하는 건 잘못된 표현이고, 외국 문법책들을 살펴보면 arranged 혹은 planned라는 단어를 쓰면서 이미 계획되어 있는 일들을 표현할 때 사용한다고 되어 있어. 아마 옛날에 우리나라에서 영어 문법책을 쓰셨던 분들이 현재진행형과 be going to가 쓰인 문장들 속에서 tonight, tomorrow, this weekend 같이 비교적 가까운(?) 미래를 나타내는 말들을 목격하면서 그렇게 잘못 결론 내리신 거 같은데, 여기서는 가깝고 먼 게 중요한 게 아니라 이미 계획이 되어 있느냐 없느냐가 중요한 거야(그런데 생각해보면 비교적 가까운 미래이긴 하지. 보통 "I'm having dinner with Irene tonight."이라고 말하지 "I'm having dinner with Irene next year."라고 하진 않잖아. 일반적으로 내년에 저녁 먹을 걸 지금 미리 구체적으로 계획하지는 않으니까).

의도 묻기와 의도 표현하기

Will you go to the party?

너 파티에 갈 거야?

I'll go to the party.

나는 파티에 갈 거야.

Are you going to buy it?

너 그것을 살 거니?

I'm going to buy it.

나는 그것을 살 거야.

A: What are you going to do after school today?

A: 오늘 방과 후에 뭐 할 거야?

B: I'm going to playing computer games in the PC room.

B: PC방에 가서 컴퓨터 게임을 할 거야.

A: But we have a math exam tomorrow.

A: 하지만 우리 내일 수학 시험이잖아.

B: Really? Then I will go to the library and prepare for it.

B: 정말? 그렇다면 나는 도서관에 가서 그것을 준비할 거야.

 Check

위 대화에서 어법상 <u>틀린</u> 것을 찾아 바르게 고쳐봅시다.

정답 playing → play

UNIT 18

우리말에는 없어요!
현재완료와 과거완료

시제 중에 '완료'라는 녀석이 있는데 다른 시제들보다 좀더 어렵게 느껴질 거야. 그 이유는 우리나라 말에는 없는 개념이기 때문이지. 현재, 과거, 미래 같은 시제는 우리도 사용하는 개념이기 때문에 크게 어렵지 않은데 '현재완료'나 '과거완료' 같은 완료라는 시제는 우리가 사용하지 않는 개념이기 때문에 이해하기가 쉽지 않아. 사실 솔직히 말해서 영어를 가르치고 있는 영어교사인 나도 100% 이해한다고 말할 자신이 없어. 다시 말해서 이론적으로는 알고 있어도 원어민과 대화할 때 현재완료를 100% 자유자재로 사용하는 건 불가능하다는 말이지.

내가 이런 말을 하는 이유는 영어를 공부한 지 얼마 되지 않은 여러분들이 완료시제가 어렵다고 해서 절대 기죽거나 포기할 필요가 없다는 것을 말해주기 위해서야. 어려운 게 당연하니까 그냥 받아들이라고. 이 책을 2번, 3번 읽으면 점점 더 쉽게 이해할 거니까. 자, 그럼 완료시제에 대해 본격적으로 알아볼까?

1) I lost my key. 내 열쇠를 잃어버렸어.
2) I have lost my key. 내 열쇠를 잃어버렸어.

예문 1)에는 과거시제가 사용되었고, 2)에는 현재완료시제가 사용되었어. 둘 다 열쇠를 잃어버렸다는 내용인데 도대체 무슨 차이가 있을까?

결론부터 말하면 1)에서 나(I)는 열쇠를 잃어버렸지만 다시 찾았을 수도 있어. 물론 그렇지 않을 수도 있지. 하지만 2)에서 나(I)는 아직 열쇠를 찾지 못했어. 과거시제와 현재완료시제는 바로 그런 차이가 있는 거야. 좀 더 쉽게 말해줄까?

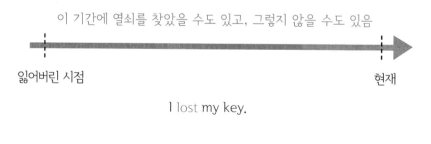

I lost my key.

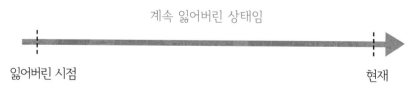

I have lost my key.

즉 과거시제는 과거 어떤 시점에 그런 일이 있었다는 게 중요한 것이고, 현재완료시제는 어떤 일이 일어났는데 그게 지금까지 계속 영향을 미치고 있다는 뜻을 담고 있는 거야. 지금부터 자세히 알아보자.

현재완료

현재완료는 다음과 같은 형태로 사용해.

have + 과거분사

과거분사? 무슨 귀신 씻나락 까먹는 소리냐고? 4장에서 일반동사를 공부할 때 과거형에 대해 공부했잖아. 이때 규칙변화는 ed를 붙이고, 불규칙변화는 말 그대로 불규칙적으로 바뀐다고 했지? 영어의 동사변화는 현재와 과거만 있는 게 아니라 하나가 더 있어. 바로 과거분사라는 녀석인데, 영어로는 past participle이라고 쓰기 때문에 첫 글자 두 개를 따서 p.p.라고도 해. 사람들이 "have + p.p."라고 말하는 거 들어본 사람도 있을 거야.

이것도 어쩔 수 없지만 외워야 해! 다음에 나오는 거 말고도 많이 있으니까 눈에 보일 때마다 외우면 나중에 편할 거야. 알겠지? 이 책 맨 뒤의 부록 '불규칙동사표'를 참고해도 좋아.

현재	과거	과거분사
play	played	played
try	tried	tried
stop	stopped	stopped
come	came	come
win	won	won
swim	swam	swum
go	went	gone
do	did	done
have	had	had
eat	ate	eaten
take	took	taken
cut	cut	cut
put	put	put
read[riːd]	read[red]	read[red]
buy	bought	bought
write	wrote	written

Pop Quiz

※ 주어진 단어를 활용해 현재완료 문장을 완성해봅시다.

1) We _____ _____ our homework.(do)

2) He _____ _____ a letter.(write)

정답 1) have done 2) has written

현재완료 문장은 다음과 같이 여러 가지 뜻으로 사용되는데, 어려우면
일단 1)번 뜻만이라도 확실하게 알아두자.

1) 경험: '~해 본 적이 있다'

　　→ 현재완료는 대부분 이 뜻임

　　• I have eaten caviar.

　　나는 캐비어를 먹어본 적이 있다.

2) 완료: '~했다'

　　→ 완료의 뜻으로 사용된 경우 그냥 과거로 써도 그 의미가 거의 같음

　　• I have finished my homework.

　　나는 숙제를 다 끝냈다.

3) 계속: '(지금까지 계속) ~하고 있다'

　　→ 과거에 시작해서 지금까지 계속 하고 있는 일

• I have lived in Canada for five years.

나는 5년 동안 캐나다에 살고 있다.

현재완료의 부정문과 의문문

1) 부정문

have / has + not + 과거분사

현재완료의 부정문은 have/has 다음에 not을 붙이면 끝! (have not = haven't, has not = hasn't)

• I have read his novel. 나는 그의 소설을 읽은 적이 있다.

→ I have not(haven't) read his novel.

나는 그의 소설을 읽은 적이 없다.

2) 의문문

Have / Has + 주어 + 과거분사~?

의문문의 경우 have / has를 문장의 제일 앞으로 보내면 끝! 대답은 have / has와 haven't / hasn't를 이용!

• They have finished their homework.

그들은 숙제를 끝냈다.

→ Have they finished their homework?

그들은 숙제를 끝냈니?

(대답) Yes, they have. / No, they have not(haven't).

응, 끝냈어. / 아니, 그렇지 않아.

과거완료

현재완료도 아직 잘 모르는데 벌써 과거완료냐고? 너무 걱정하지 마. have의 과거인 had만 쓰면 과거완료가 되니까 말이야.

1) 형식: had + 과거분사

2) 의미: 한 문장 안에서 과거에 일어난 일을 2개 말할 때 먼저 일어난 일은 과거완료시제로 쓰고, 나중에 일어난 일은 과거시제로 씀

• When I arrived at the station, the train had left.

내가 역에 도착했을 때, 기차는(이미) 떠난 상태였다.

기차가 떠난 게(had left) 먼저고 내가 도착한 게(arrived) 나중이니까, 기차가 떠난 건 과거완료로 쓰고 내가 도착한 건 과거시제로 써 준거야.

과거완료는 아직 잘 모르더라도 현재완료는 다시 한 번 복습해서 다음 장으로 넘어가기 전에 좀더 확실하게 공부해놓는 게 좋아.

6장 Practice 및 Review Test
저자의 블로그로 이동해보자

알고 있는지 묻기

Do you know about **Korea?**
너 한국에 대해 알고 있니?
Have you heard about **the new teacher?**
너 새로 오신 선생님에 대해 들었니?
Are you aware of **the rules?**
너 규칙들을 잘 알고 있니?

A: Have you hear about the new teacher?

A: 너 새로 오신 선생님에 대해 들었니?

B: No.

B: 아니.

A: His name is Park Byeongryoon. He teaches English.

A: 그의 이름은 박병륜이야. 그는 영어를 가르치신대.

B: Byeongryoon? It's a strange name.

B: 병륜? 그거 참 이상한 이름이네.

Check

위 대화에서 어법상 **틀린** 것을 찾아 바르게 고쳐봅시다.

정답 hear → heard

다른 동사들을 도와주는
착한 '조동사'

오늘은 조동사에 대해 배워볼 건데 사실 얘는 앞에서 가끔씩 등장했던 개념이야. 미래시제에 사용했던 will이라는 녀석도 조동사에 속하거든. 아직 구체적으로 다루지는 않았지만 영어 초보자도 알고 있는 can이라는 녀석도 조동사고.

드디어 영어에서 말하는 동사가 모두 등장했어. be동사, 일반동사에 이어 마침내 조동사가 등장했다고!

조동사에서 '조'는 '도울 조(助)'인데 말 그대로 도와준다는 의미야. 다시 말해서 be동사나 일반동사를 보조해준다는 말이지. 이 말을 다시 생각해보면 조동사는 be동사나 일반동사를 도와주기 때문에 문장 속에서 혼자 쓰이지 않고 be동사 혹은 일반동사와 함께 쓰인다는 사실을 알 수 있을 거야.

이제 본격적으로 여러 가지 조동사에 대해 배우기 전에 한 가지만 기억하고 가자고.

조동사 + 동사원형

솔직히 영어는 예외가 많은 언어잖아. 일반동사의 과거형을 만들 때는 ed를 붙이는 멀쩡한 규칙을 두고도 go를 went라고 하고, write를 wrote라고 하는 불규칙이 일어나듯이 말이야. 그런데 조동사 다음에 동사원형을 쓴다는 규칙에는 예외가 없어. 어떠한 조동사가 나오더라도 함께 쓰인 be동사 및 일반동사는 반드시 원형인 형태로 써야 된다는 이야기!

UNIT 19

조동사 3총사!
will, can, may

조동사에는 아주 다양한 녀석들이 있어. 이제 시작단계니까 이번 UNIT 에서는 조동사 중에서 가장 많이 볼 수 있는 will, can, may라는 세 녀석 을 먼저 소개할까 해. 다음 3개의 문장을 비교해볼까?

1) Michael will walk to school. Michael은 학교까지 걸어갈 것이다.

→ will: '~할 것이다'라는 뜻의 미래를 나타내는 조동사

2) Michael can walk to school.

Michael은 학교까지 걸어갈 수 있다.

→ can: '~할 수 있다'라는 뜻의 능력, 가능을 나타내는 조동사

TIP

be동사의 동사원형은 be

다시 한번 이야기하지만 am, is, are, was, were 같은 be동사의 원형은 'be'라고 써.

· I am a doctor. 나는 의사야.

· I will be a doctor. 나는 의사가 될 거야.

3) Michael may walk to school.

　　Michael이 학교에 걸어갈 지도 모른다.

　　→ may: '~일 지도 모른다'라는 뜻의 추측을 나타내는 조동사

　앞에서도 이야기했지만 조동사는 '보조' 역할을 하는 녀석이야. be동사와 일반동사 앞에 쓰여서 그 의미에 미세한 변화를 주는 역할을 하지. 그럼 본격적으로 will, can, may에 대해 알아볼까?

※ **다음 우리말 뜻을 갖고 있는 조동사를 쓰시오.**

1) ~할 것이다 → ＿＿＿　2) ~할 수 있다 → ＿＿＿　3) ~일 지도 모른다 → ＿＿＿

정답 1) will 2) can 3) may

will

1) 미래: ~일 것이다

- Sora will visit her uncle. 소라는 그녀의 삼촌을 방문할 것이다.

2) 부탁: (의문문에서) ~해줄래?

- Will you help me? 나 좀 도와줄래?

- Will you be my partner? 너 내 짝이 되어줄래?

can

조동사 중에서 가장 뜻이 다양하고 또 가장 빈번하게 사용되는 조동사는 바로 can이라고 할 수 있어. 여기서는 can의 기본적이고 가장 많이 쓰이는 의미만 살펴볼게.

1) can의 의미

  ① 능력, 가능: ~할 수 있다 (= be able to)

※ can의 과거는 could(~할 수 있었다)

- I can speak English well. 나는 영어를 잘 말할 수 있다.

  = I am able to speak English well.
- David can play the piano. David는 피아노를 연주할 수 있다.

  = David is able to play the piano.
- She could move the box by herself.

  그녀는 혼자 박스를 옮길 수 있었다.

  = She was able to move the box by herself.

TIP

can과 be able to는 사실 100% 같은 뜻은 아니다?

can이 일반적인 능력을 뜻하는 반면, be able to는 좀 더 일시적이고 특정 조건이 필요한 일에 대해 사용하는 경향이 있어. 예를 들어서 여러분이 기타를 처음 배우기 시작해서 2년 정도 지나 드디어 기타를 잘 치게 되었을 때 "Now, I am able to play the guitar well." 이라고 말할 수 있을 거야. 5년이 흘렀을 때는 이미 예전부터 잘 치고 있기 때문에 "I can play the guitar."라고 말할 수 있는 거고. 그런데 아직 여러분들이 이런 거까지 구분할 필요는 없을 거 같아. 일단 여기서는 can과 be able to가 거의 같은 뜻이라고만 알고 넘어가자고. 알겠지?

② 허락: ~해도 된다(= could, may)

※ 이때의 could는 can의 과거가 아님
※ 이 뜻일 때는 be able to로 바꿔 쓰지 않음

- You can use my cell phone. 너 내 휴대전화 써도 돼.

- Can I sit here? 내가 여기에 앉아도 될까?

  = May I sit here?

  (→ may를 사용하면 can보다 조금 더 공손한 표현이 됨)

  = Could I sit here?

  (→ could를 사용하면 can보다 조금 더 공손한 표현이 됨)

2) 부정문과 의문문

① 부정문: cannot(can't)을 써서 나타냄

I cannot speak English well. 나는 영어를 잘 말하지 못한다.

※ 다음 문장에 사용된 can의 의미를 고르시오.

1) I can speak Spanish. 나는 스페인어를 말할 수 있다.　(능력, 허락)

2) You can call me Peter. 너는 나를 Peter라고 불러도 돼. (능력, 허락)

정답 1) 능력 2) 허락

② 의문문: can을 문장의 앞으로 보냄

(질문) Can David play the piano? David는 피아노를 연주할 수 있나요?

(대답) Yes, he can . / No, he can't.

　　 네, 맞아요. / 아니요, 그렇지 않아요.

may

이번엔 may라는 조동사를 살펴볼까? 당연히 may도 뒤에 동사원형을 써줘야겠지? may의 의미는 크게 (약한)추측과 허락으로 나눌 수 있어. 참고로 (강한) 추측에는 must를 사용하는데 UNIT 20에서 설명해줄게.

1) (약한)추측: ~일지도 모른다(= might)

※ 이때의 might는 may의 과거가 아님

• He may / might like your idea. 그는 네 생각을 좋아할지도 모른다.

• Tom may / might not be good at soccer.

　 Tom은 축구에 소질이 없을지도 모른다.

174

2) 허락: ~해도 된다(= can, could)

- She may stay in my house. 그녀가 내 집에 머물러도 좋아.

- She may not stay in my house.

  그녀가 내 집에 머무는 것은 안 돼.

- May I turn on the air conditioner? 제가 에어컨을 좀 켜도 될까요?

  = Can / Could I turn on the air conditioner?

피러쌤, 질문 있어요!

영어에는 존댓말이 없다고 들었는데 맞나요?

맞아. 하지만. 나름대로 공손한 표현들이 있어. 일반적으로 문장이 길면 길수록 좀더 공손한 표현이 되지.

- Open the door. 문을 열어라.
- Can you open the door? 문을 열어줄래?
- Could you open the door? 문을 열어줄래요?
- Could you open the door, please? 문을 열어주실 수 있나요?
- Could I ask you to open the door, please?
  문을 열어줄 것을 부탁드려도 될까요?

허락 요청하기

May / Can I call you Peter?
당신을 Peter라고 불러도 될까요?
Do you mind if I sit here?
제가 여기에 앉아도 될까요?
I was wondering if I could use your bicycle.
제가 당신의 자전거를 사용할 수 있을지 궁금했습니다.

Student: Do I need to call you Mr. Park?

학생: 제가 당신을 박 선생님이라고 불러야 하나요?

Park Byeong Ryoon(Peter): No. You don't have to.

박병륜(Peter): 아니요. 그럴 필요 없습니다.

Student: Then may I call you Peter?

학생: 그러면 Peter라고 불러도 될까요?

Park Byeong Ryoon(Peter): Of course.

박병륜(Peter): 그럼요.

Check

위 대화에서 '허락'의 뜻을 갖고 있는 조동사를 찾아 밑줄 쳐봅시다.

정답 may

UNIT 20

조동사에도 센 녀석들이 있다!
should, have to, must

오늘은 좀 세게 나갈 때 사용할 수 있는 조동사를 배워볼까 해.

예를 들어볼게. 다음은 철수 엄마와 민호 엄마가 아들에게 공부하라고 영어로 말씀하시는 걸 적어본 거야.

철수 엄마: Why don't you study, son? 아들아! 공부하는 게 어떠니?

민호 엄마: Son! You must study. 아들아, 너 공부해야 돼(안 하면 알지?).

철수네 엄마는 아주 부드럽게 말씀하시고 있지? 'Why don't you~?' 라는 표현도 쓰면서 말이야. 그런데 민호네 엄마는 어때?

오늘은 '~해야만 한다'라는 뜻을 갖고 있는 조동사들 중 가장 많이 사용되는 'should' 'must' 'have to'에 대해 공부할 거야.

should

이 단어 아니? should는 '슐드'라고 발음하면 안 돼. 'l'이 발음되지 않기 때문에 '슛'처럼 발음해야 하는 거야. 알고 있지?

should는 일상생활에서 정말 자주 쓰이는 조동사야. 상대방에게 무언가를 제안하거나 충고 또는 권유할 때 사용하는 말이지. 다음에서 간단하게 요약해볼게.

제안, 충고, 권유: ~해야 한다, ~하면 좋아요

(긍정문) They should go home early. 그들은 집에 일찍 가야 해.

(부정문) They should not / shouldn't go home early.

그들이 집에 일찍 가면 안 돼.

(의문문) Should they go home early? 그들은 집에 일찍 가야하니?

(대답) Yes, they should. / No, they don't have to. (No, they shouldn't.)

응, 그래야 해. / 아니, 그럴 필요 없어.(아니, 그러면 안 돼.)

Pop Quiz

'~해야 한다'라는 뜻의 s로 시작하는 조동사를 써봅시다.

———————

정답 should

have to vs. must

1) 긍정문

	have to	must
뜻	~해야만 한다	~해야만 한다
예문	They have to go home early. 그들은 집에 일찍 가야만 해. He has to go home early. 그는 집에 일찍 가야만 해.	They must go home early. 그들은 집에 일찍 가야만 해. He must go home early. 그는 집에 일찍 가야만 해.
주목할 점	1. 주어가 3인칭 단수면 has to 2. should보다 강도가 셈 (일찍 안 가면 큰일남)	1. 주어에 상관없이 항상 must 2. should보다 강도가 셈 (일찍 안 가면 큰일남)

2) 부정문

	have to	must
뜻	~할 필요 없다, ~하지 않아도 된다	~해서는 안 된다, ~하지 말아야 한다
예문	They don't have to go home early. 그들은 집에 일찍 가지 않아도 돼. He doesn't have to go home early. 그는 집에 일찍 가지 않아도 돼.	They must not go home early. 그들은 집에 일찍 가지 말아야 해. He must not go home early. 그는 집에 일찍 가면 안 돼.
주목할 점	1. 주어가 3인칭 단수면 doesn't have to 2. 부정문에서 그 의미가 확 약해지기 때문에 학생들이 헷갈려 함(시험문제로 자주 등장)	1. 주어에 상관없이 항상 must not 2. mustn't로 줄여 쓸 수도 있지만 일반적으로 줄여서 쓰지 않음

3) 의문문

	have to	must
뜻	~해야만 하니?	~해야만 하니?
예문	Do they have to go home early? 그들은 집에 일찍 가야만 하니? Does he have to go home early? 그는 집에 일찍 가야만 하니?	Must they go home early? 그들은 집에 일찍 가야만 하니? Must he go home early? 그는 집에 일찍 가야만 하니?
주목할 점	1. 주어가 3인칭 단수면 Does 2. Does가 쓰였기 때문에 has가 아닌 have	1. must를 이용한 의문문은 현대영어에서 거의 사용되지 않음 2. 따라서 혹시라도 must가 있는 문장을 의문문으로 바꿀 때는 have to를 사용하는 게 좋음

must

'어? must는 앞에서 설명했는데 왜 또 나왔나?'라고 생각하는 사람들도 있을 거야. 그런데 must에는 '~해야만 한다'라는 뜻 말고 한 가지 중요한 게 더 있어. 바로 강한 추측!

TIP

have to의 과거는 had to, must의 과거도 had to

have to의 과거는 had to인데 must는 과거 형태가 따로 존재하지 않아. 따라서 must는 과거로 사용될 수 없고, 굳이 쓰려고 한다면 had to라고 써야 해.

(긍정문) They had to go home early. 그들은 집에 일찍 가야만 했다.
(의문문) Did they have to go home early? 그들은 집에 일찍 가야만 했니?
(대답) Yes, they did. / No, they didn't.
　　　　응, 그래야만 했어. / 아니, 그럴 필요 없었어.

이거 어디서 본 듯하지 않니? '약한 추측'을 나타내는 조동사가 뭐였지? 맞아. 바로 may와 might가 '~일지도 모른다'라는 뜻의 '약한 추측'을 나타내는 조동사라고 배웠잖아. must는 좀더 '강한 추측'을 나타내. 아래 표에서 그 차이점을 살펴볼까?

	must	may
뜻	~임에 틀림없다(강한 추측)	~인 것 같다, ~일지도 모른다(약한 추측)
예문	(병륜이가 이 책을 쓰느라 요즘 새벽 1시까지 작업하는 모습을 많이 본 사람이 할 수 있는 말) ↓ Byeongryoon must be tired now. 병륜이는 지금 틀림없이 피곤한 상태일 거야.	(이유는 잘 모르겠지만 병륜이의 피곤한 모습을 본 사람이 할 수 있는 말) ↓ Byeongryoon may be tired now. 병륜이는 지금 아마도 피곤한 상태일 거야.

다음 2개의 문장도 비교해볼까?

1) Bomi must stay home. 보미는 집에 있어야만 해.

  → must: 의무

2) Bomi must be a genius. 보미는 천재임에 틀림없어.

  → must: 강한 추측

피러쌤, 질문 있어요!

should, have to, must의 의미는 같은 건가요, 다른 건가요?

일단 3개 모두 '~해야 한다'라는 뜻을 갖고 있어. 그런데 앞에서 살펴보았듯이 should는 '안 하면 큰일난다'라는 의무까지는 아니고 '뭐 결정은 네가 하겠지만 ~하는 게 좋을 거야' 정도의 조언 및 충고의 뜻을 갖고 있는 거지. 반면에 have to와 must는 '안 하면 큰일난다 네'의 뜻을 품고 있는 조금은 '센' 뜻을 갖고 있어.

자, 그럼 의사가 폐가 좋지 않은 환자에게 담배를 끊으라고 말할 때 혹은 중학교에 입학한 학생들에게 선생님이 교복을 입어야 한다고 말할 때 should를 사용할까 아니면 have to / must를 사용할까? 당연히 모두 반드시 해야 하는 '의무'에 해당하는 것이기 때문에 should 보다는 have to / must를 써야겠지. 반면에 친구에게 공부를 좀더 열심히 하라고 말하고 싶을 때는 should가 더 어울릴 거야. must나 have to를 사용한다면 듣는 친구가 '네가 뭔데?'라고 생각할 수도 있으니까 말이야.

7장 Practice 및 Review Test
저자의 블로그로 이동해보자

의무 표현하기

You have to [must] take this medicine for three days.
당신은 3일 동안 이 약을 먹어야만 합니다.
You should try your best.
너는 최선을 다해야 해.

A: You must take this medicine for three days.
A: 당신은 3일 동안 이 약을 먹어야만 합니다.

B: Do I have to take it three times a day?
B: 제가 하루에 세 번 먹어야 하나요?

A: Yes, you do.
A: 네, 맞아요.

B: Do I need to take it after meals?
B: 제가 그것을 식사 후에 먹어야 합니까?

A: No. You don't have to.
A: 아니요. 그럴 필요는 없어요.

 Check

위 대화에서 A와 B의 관계를 써봅시다.

정답 의사(약사)와 환자

8 장

문장을 더욱 풍성하게,
'형용사'와 '부사'

이번 장에서는 형용사와 부사의 개념에 대해 배울 거야. 또한 '비교 3총사'라는 녀석들도 배울 건데 혹시 이름은 들어보았나?

원급, 비교급, 최상급!

8장의 제목이 '형용사와 부사'인데 왜 엉뚱하게 원급, 비교급, 최상급이라는 말이 나왔을까? 사실 원급, 비교급, 최상급은 형용사와 부사를 가지고 응용하는 문법이거든. 그래서 함께 이야기해주려고 하는 거야.

"안녕, 내 이름은 kind. 사람들은 나를 '형용사'라고 불러."
"안녕, 내 이름은 kindly. 사람들은 나를 '부사'라고 불러."

자, 여기 kind(친절한)라는 형용사와 kindly(친절하게)라는 부사가 있어. 둘의 차이점은 뭘까? 맞아. kind의 끝에 ly가 붙어서 kindly가 되었다는 사실! 즉 형용사의 끝에 ly를 붙이면 부사가 되지. 예상했겠지만 예외도 있으니까 뒤에서 잘 살펴보자고!

여기 3명의 친구가 더 있어.

"안녕, 내 이름은 tall. 사람들은 나를 '원급'이라고 불러."
"안녕, 내 이름은 taller. 사람들은 나를 '비교급'이라고 불러."
"안녕, 내 이름은 tallest. 사람들은 나를 '최상급'이라고 불러."

tall(키가 큰)이라는 원급과 taller(키가 더 큰)라는 비교급, 그리고 tallest(키가 가장 큰)라는 최상급의 차이점은 뭘까? 그렇지. 원급의 끝에 er을 붙이면 비교급이 되고, est를 붙이면 최상급이 되는 거야.

하지만 여기에도 예외는 존재해.

꾸며주는 형제들!
형용사와 부사

형용사

'형용사는 사람이나 사물의 상태나 성질을 나타내는 말이다.'라고 다른 책에서 설명하고 있어. 그런데 이 말이 이해가 되니? 아마도 대부분 그렇지 않을 거야. 더 쉬운 정의를 내려줄게. 형용사는 다음과 같은 의미를 가지고 있어.

형용사: '~한' '~인' 등의 니은(ㄴ) 받침이 들어가게 해석되는 단어

happy의 뜻이 뭐지? 행복? 행복하다? 행복하게? 아니지. happy의 뜻은 '행복한'이야. 니은 받침으로 끝나는 거 확인했지? 그러니까 happy는 형용사인 거야.

그럼 형용사는 문장에서 어떤 역할을 할까?

1) 명사 앞에서 명사를 꾸며줌

- I had a delicious pizza for lunch.

  나는 점심으로 맛있는 피자를 먹었다.

- He told me a funny story.

  그는 내게 재미있는 이야기를 말해주었다.

2) 주어나 목적어의 의미를 보충해줌

- James is sick. James는 아프다. → 주격 보어

- She made me happy.

  그녀가 나를 행복하게 만들었다. → 목적격 보어

'보어'에 대해 배웠었지? 형용사가 여기서 그 역할을 하는 거야.

TIP

something, anything, nothing은 예외

-thing으로 끝나는 명사인 something, anything, nothing의 경우 형용사를 앞이 아닌 뒤에 써줘야 돼. 일반적인 규칙과 다르기 때문에 순서 재배열 문제로 자주 출제되지.

- I want delicious something. (X)
- I want something delicious. (O)

  나는 맛있는 무언가를 원한다.

영어에서 수나 양을 나타낼 때 쓰는 단어들을 아래 표에 정리했으니까 공부하고 넘어가자.

셀 수 있는 명사 앞에서			셀 수 없는 명사 앞에서		
many	많은	many books	much	많은	much money
a lot of		a lot of books	a lot of		a lot of money
lots of		lots of books	lots of		lots of money
a few	몇 개의	a few books	a little	약간의	a little money
few	거의 없는	few books	little	거의 없는	little money

부사

'부사는 동사, 형용사, 다른 부사, 또는 문장 전체를 수식하는 말이다.'라고 다른 책에서 설명하고 있어. 좀더 쉽게 말하면 부사는 다음과 같은 의미를 가지고 있어.

Pop Quiz

※ 다음 문장에서 형용사에 밑줄 쳐봅시다.

1) Romeo is smart.
2) Juliet is a beautiful lady.

정답 1) smart 2) beautiful

190

부사: 일반적으로 '~하게'라고 해석되는 단어

happily의 뜻이 뭐니? 행복? 행복하다? 행복한? 아니지. happily의 뜻
은 '행복하게'야. '~하게'라고 해석되는 거 확인했지? 그러니까 happily
는 부사인 거야.

그럼 부사는 문장에서 어떤 역할을 할까?

1) 동사나 형용사를 꾸며줌

  • He speaks quickly. 그는 빠르게 말한다.

  • She is very pretty. 그녀는 아주 예쁘다.

2) 다른 부사를 꾸며줌

  • He speaks so quickly. 그는 아주 빠르게 말한다.

  • The turtle walks too slowly. 그 거북이는 너무 천천히 걷는다.

3) 시간(now, today, soon, then)이나 장소(here, there)를 나타내는 말

- She is sick now. 그녀는 지금 아프다.

- Let's meet here tomorrow. 내일 여기에서 만나자.

대부분의 부사는 ly로 끝나지만 물론 예외도 있어. 아래 표를 보자.

규칙	예시
대부분 부사는 형용사의 끝에 ly를 붙임	quick(빠른) → quickly(빠르게) kind(친절한) → kindly(친절하게)
y로 끝나는 형용사의 경우 y를 i로 고치고 ly를 붙임	happy(행복한) → happily(행복하게) easy(쉬운) → easily(쉽게)
형용사와 철자가 똑같은 부사도 있음	fast(빠른) → fast(빠르게) early(이른) → early(일찍) hard(어려운) → hard(열심히)

빈도부사

'빈도(頻度)'는 어떤 일이 반복되는 횟수를 뜻하는 말이야. 예를 들어서

Pop Quiz

※ 다음 문장에서 부사에 밑줄 쳐봅시다.

1) Romeo is very handsome.
2) Juliet speaks kindly.

정답 1) very 2) kindly

철수가 학교에 지각했는데 철수는 항상 지각하는 학생인지 종종 그런 건지, 가끔 그런 건지, 아주 가끔만 그런 건지 알고 싶을 때가 있잖아.

영어에서도 이런 '빈도'를 나타내주는 부사가 있어. 그걸 바로 빈도부사라고 하지.

100%   0%

always usually often sometimes rarely   never
(항상) (대개, 보통) (종종) (때때로, 가끔) (거의 ~않다) (전혀(절대) ~않다)

어떤 일을 항상 하면 always(100%), 한 번도 하지 않으면 never(0%), 그 중간 정도면 위 그림 내용과 같은 빈도부사를 사용하면 돼.

- I always eat toast for breakfast.

  나는 항상 아침으로 토스트를 먹는다.

- I usually eat toast for breakfast.

  나는 보통 아침으로 토스트를 먹는다.

- I often eat toast for breakfast.

  나는 종종 아침으로 토스트를 먹는다.

- I sometimes eat toast for breakfast.

  나는 가끔 아침으로 토스트를 먹는다.

- I rarely eat toast for breakfast.

  나는 아침으로 토스트를 먹는 일이 거의 없다.

• I never eat toast for breakfast.

나는 절대 아침으로 토스트를 먹지 않는다.

TIP

'be' '조' 뒤! '일반' 앞!

종종 '비조뒤일반앞'이란 말을 듣게 될 거야. 빈도부사는 문장 속에서 be동사 혹은 조동사의 뒤에 위치하고, 일반동사의 앞에 위치한다는 거지.

• I am always(be동사 뒤) happy. 나는 항상 행복해.
• I will always(조동사 뒤) love you. 나는 항상 너를 사랑할 거야.
• I always(일반동사 앞) like your smile. 나는 언제나 네 미소가 좋아.

하지만 경우에 따라서 문장의 제일 처음에 나올 수 있는 것들도 있어서 요즘은 이게 문제로 출제되는 일은 좀 드물어.

• I usually have dinner at 7:00 p.m. (○)
= Usually, I have dinner at 7:00 p.m. (○)
나는 보통 오후 7시에 저녁을 먹는다.

피러쌤, 질문 있어요!

ly로 끝나는 말은 모두 부사인가요?

아니, 그렇지 않아. 안타깝지만 여기에도 예외가 있어. friendly(친절한), lovely(사랑스러운), lonely(외로운) 등은 ly로 끝나지만 형용사로 사용되는 단어들이야.

• He is friendly. 그는 친절하다.
• She is lovely. 그녀는 사랑스럽다.
• They feel lonely. 그들은 외로움을 느낀다.

기억이나 망각 표현하기

I don't remember his name.
나는 그의 이름이 기억나지 않는다.
I forgot about that.
나는 그것에 대해 잊어버렸다.
I'll never forget it.
나는 그것을 절대로 잊지 않을 것이다.

Mom: Today is a special day.

엄마: 오늘은 특별한 날이에요.

Dad: Why?

아빠: 왜죠?

Mom: Did you say why? Today is our wedding anniversary.

엄마: 왜라고 했나요? 오늘은 우리의 결혼기념일이잖아요.

Dad: Oh, sorry. I(①) will(②) forget(③) it.

아빠: 오, 미안해요. 그것을 절대로 잊지 않을게요.

Check

위 대화의 빈칸 중 never가 들어갈 위치를 골라봅시다.

정답 ②

UNIT 22

비교 3총사!
원급, 비교급, 최상급

Peter is as tall as Jenny.   Julie is taller than Peter.   Tony is the tallest.
Peter는 Jenny만큼 키가 크다.   Julie는 Peter보다 키가 크다.   Tony는 키가 가장 크다.

196

세상을 살다 보면 어쩔 수 없이 나와 다른 사람을 비교하게 되지. 친구가 새로 산 스마트폰이 내 것보다 더 좋을 때는 살짝 부럽기도 하잖아.

오늘은 영어로 2가지 혹은 그 이상을 비교할 때 쓸 수 있는 표현을 배워 볼 거야.

앞의 그림에서 친구들의 키를 비교한 문장을 볼 수 있을 거야. tall이라는 형용사 다들 알지? '키가 큰'이라는 뜻을 갖고 있잖아. 자, 이제 이 그림에 있는 3개의 문장 속 tall의 형태에 주목해볼까? 각각 tall, taller, tallest라고 되어 있어. tall 뒤에 뭔가 붙은 형태인 걸 알 수 있을 거야. 이걸 각각 원급(tall), 비교급(taller), 최상급(tallest)이라고 해.

원급

원급은 말 그대로 원형 그 상태를 이야기하는 거야. 즉 형용사나 부사를 영어사전에 찾았을 때 볼 수 있는 딱 그 형태를 말하는 거지.

원급은 딱 하나만 기억하면 돼.

as + 원급 + as~(~만큼 한)

- Peter is as smart as his dad. Peter는 그의 아빠만큼 똑똑하다.
- Sandra can run as fast as I can.

  Sandra는 나만큼 빨리 달릴 수 있다.
- His bicycle is as expensive as mine.

  그의 자전거는 내 것만큼 비싸다.

Pop Quiz

비교급

영어에서 말하는 비교급이란 형용사나 부사의 끝에 er을 붙인 형태야.

　하지만 여기에도 예외가 있어. 200쪽에 표로 정리했으니까 잘 살펴보았으면 좋겠어. 일단 기본적으로 er을 붙인다는 것만 알고 다음 공식을 살펴볼까? 비교급은 다음과 같은 패턴으로 사용되는 게 일반적이거든.

비교급 + than ~(~보다 (더) 한)

- Jason is younger than Lisa. Jason은 Lisa보다 더 어리다.

- I am stronger than they are. 나는 그들보다 더 힘이 세다.

- Health is more important than money. 건강이 돈보다 더 중요하다.

　여기서 주의할 건 3음절 이상의 긴 단어의 경우 er을 붙이면 단어가 더 길어진다는 거야. 따라서 important처럼 긴 단어들은 원급을 쓰고 대신 앞에 more를 사용해.

최상급

영어에서 말하는 최상급이란 형용사나 부사의 끝에 est를 붙인 형태야.

여기에도 예외가 존재하는데 그건 200쪽의 표에서 따로 공부하기로 하고 일단 여기서는 est를 붙인다는 것만 알고 공부를 시작해보자. 최상급은 친한 친구가 한 명 있어. 그건 바로 the! 최상급과 the는 뗄 수 없는 아주 친한 친구 사이지.

그래서 최상급을 쓸 때는 아래와 같이 the와 함께 쓰는 것이 일반적이라고 할 수 있어.

the + 최상급 + in / of ~(~에서 가장 한)

- Jason is the youngest in his family.

  Jason은 그의 가족 중에서 가장 어리다.
- I am the strongest man in my class.

  나는 우리 반에서 가장 힘이 센 남자다.
- Korean is the most important language.

  한국어는 가장 중요한 언어다.

최상급도 비교급과 마찬가지로 important처럼 긴 단어의 경우 뒤에 est를 붙이면 단어가 더 길어지기 때문에 그냥 원형 앞에 most라는 단어를 써주는 방식으로 사용해야 해.

Pop Quiz

※ 다음 빈칸에 들어갈 적절한 말을 써봅시다.

1) My mom is older _____ my dad.

2) He is _____ fastest boy in this school.

비교급과 최상급 만드는 방법 정리

자, 다음 표를 통해 비교급과 최상급 만드는 방법을 익혀보자고!

구분	규칙	원급 – 비교급 – 최상급
대부분의 경우	끝에 er, est	tall – taller – tallest old – older – oldest smart – smarter – smartest
e로 끝나는 경우	끝에 r, st	nice – nicer – nicest large – larger – largest
y로 끝나는 경우	y를 i로 고치고 er, est	easy – easier – easiest happy – happier – happiest
'자음 + 모음 + 자음' 으로 끝나는 경우	마지막 자음을 한 번 더 쓰고 er, est	big – bigger – biggest fat – fatter – fattest
3음절 이상의 경우 (일부 2음절)	more ~, most ~	beautiful – more beautiful – most beautiful famous – more famous – most famous
불규칙	규칙 없음	good – better – best bad – worse – worst many / much – more – most

200

- His bag is heavier than mine. 그의 가방은 내 것보다 더 무겁다.

  → heavy처럼 y로 끝나는 경우는 y를 i로 고치고 er을 붙임

- Math is more difficult than science. 수학은 과학보다 더 어렵다.

  → difficult는 3음절 이상의 단어이기 때문에 more를 사용

- Canada is larger than Japan. 캐나다는 일본보다 더 넓다.

  → large는 e로 끝나기 때문에 r만 붙임

- Her house is the biggest in this town.

  그녀의 집이 이 마을에서 가장 크다. → big은 '자음 + 모음 + 자음'으로

  끝나기 때문에 마지막 자음인 g를 한 번 더 쓰고 est를 붙임

피러쌤, 질문 있어요!

"He is taller than (me / I / I am)."에서 괄호 속에 어떤 말이 들어가야 하나요?

원래 than 다음에 나오는 말은 문장의 주어, 동사와 같은 형태를 따라야 해. 예를 들어 He is taller than 다음에는 He(주어) is(동사)와 같은 형태인 'I am'을 써서 "He is taller than I am."이라고 쓰고, He can run faster than 다음에는 He(주어) can(동사)과 같은 형태인 'I can'을 써서 "He can run faster than I can."이라고 써야 하는 거지. 마찬가지 이유로 He studies harder than 다음에는 'I do'가 쓰이는 거야. 그런데 현대영어의 구어체에서는 than 다음에 주어만 쓰고 동사는 생략하거나 목적격 인칭대명사만 써서 나타내는 경향이 있어. 따라서 "He is taller than I am."이 정답이지만 "He is taller than I." 그리고 "He is taller than me."도 틀렸다고는 할 수 없어.

8장 Practice 및 Review Test
저자의 블로그로 이동해보자

선호 표현하기

I prefer soccer to basketball.
나는 농구보다 축구를 선호한다.
I think basketball is better than soccer.
나는 농구가 축구보다 더 낫다고 생각한다.

Stephen Curry: I think basketball is better _____ soccer.

커리: 나는 농구가 축구보다 더 낫다고 생각해.

Lionel Messi: Really? I don't think so.

메시: 정말? 나는 그렇게 생각하지 않아.

Stephen Curry: What? Then do you like soccer better _____
basketball?

커리: 뭐? 그럼 너는 농구보다 축구를 더 좋아하니?

Lionel Messi: Sure. I think soccer is much better _____
basketball.

메시: 당연하지. 나는 축구가 농구보다 훨씬 더 낫다고 생각해.

Check

우리말 해석을 참고해 위 대화의 빈칸에 공통으로 들어갈 말을 써봅시다.

정답 than

동사의 변신은 우리에게 맡겨라!
'to부정사'와 '동명사'

영어를 공부하다 보면 진짜 많이 나오는 패턴이 2개 있어. 다음 1)
과 2)에 있는 문장들 속에서 한번 찾아볼래? 힌트는 각 문장에서
색깔로 표시된 부분이야.

1)

• He wants to go home. 그는 집에 가기를 원한다.

• I have a lot of homework to do. 나는 해야 할 숙제가 많다.

• I'm happy to hear that. 나는 그것을 듣게 되어 행복하다.

2)

• Watching movies is always fun.

  영화를 보는 것은 언제나 즐겁다.

• I enjoy eating junk food. 나는 정크 푸드 먹는 것을 즐긴다.

• My goal is winning first prize.

  내 목표는 1등상을 받는 것이다.

맞아. 1)에서는 to 다음에 동사원형이 나오는 패턴이 사용되었

고, 2)에서는 ~ing로 끝나는 패턴이 사용되었어.

이 2가지 패턴이 바로 이번 장에서 배울 녀석들이야. 진짜 많이 나오는 것들이니까 꼭 이해하고 넘어가야 해. 자, 그럼 지금부터 본격적으로 살펴볼까?

1) to부정사: to + 동사원형

2) 동명사: 동사원형ing

UNIT 16에서도 진행형 배울 때 동사 끝에 ing를 붙이는 형태를 보았지? 물론 이번에 배울 동명사와 형태는 같지만 의미는 달라. 하지만 지금은 그 의미보다 그 형태가 똑같다는 정도만 알고 넘어가자.

명사 역할을 하는
to부정사

to부정사가 주어, 목적어, 보어 역할을 할 때 우리는 그것을 'to부정사가 명사의 역할을 한다' 혹은 'to부정사의 명사적 용법'이라고 불러. 뭐라고 불리는지는 사실 중요하지 않아. 앞에서 언급했지만 이런 용어들은 옛날에 우리말로 문법책을 처음 쓰시던 분들이 수학공식처럼 체계 잡힌 책을 쓰려는 의도에서 만든 것들이거든. 원어민들도 'to부정사'라는 개념을 사용하지만 그게 무슨 용법이냐를 따지지는 않아. 따라서 문법책에 등장하는 이런 복잡한 용어 자체는 크게 의미를 두지 말고 개념만 이해해도 큰 문제없이 영어를 잘 할 수 있을 거야!

1) To ride a bicycle is easy. 자전거 타는 것은 쉽다.

2) I like to ride a bicycle. 나는 자전거 타는 것을 좋아한다.

206

3) My hobby is to ride a bicycle. 내 취미는 자전거 타는 것이다.

위 예문 속에 모두 'to ride'가 쓰였는데, 해석을 보면 그 뜻이 다 다른 것을 알 수 있을 거야. 1)에서는 '타는 것은', 2)에서는 '타는 것을', 3)에서는 '타는 것(이다)'라고 해석이 되지.

혹시 앞에서 배웠던 주어, 목적어, 보어가 기억나니? to부정사가 명사의 역할을 할 때 이 3가지 중 하나의 의미로 사용되거든.

TIP

주어, 목적어, 보어

주어는 주로 문장의 앞 부분에서 '~은' '~는' '~이' '~가' 같은 뜻으로 쓰이는 녀석이지. 목적어는 '~을' '~를' 같은 뜻으로 쓰이고, 보어는 앞에 있는 말을 보충해주는 말이라고 이야기했는데 기억나니?

※ **다음 문장에서 to부정사에 밑줄을 쳐봅시다.**

1) To play computer games is fun.

2) I want to play computer games.

3) My hobby is to play computer games.

정답 1) To play 2) to play 3) to play

1) 주어: ~하는 것은

To ride a bicycle is easy. 자전거 타는 것은 쉽다.

2) 목적어: ~하는 것을

I like to ride a bicycle. 나는 자전거 타는 것을 좋아한다.

3) 보어: ~하는 것(이다)

My hobby is to ride a bicycle. 내 취미는 자전거 타는 것이다.

주어: ~하는 것은

to부정사가 문장에서 '~하는 것은'이라고 해석되면 그건 주어 역할을 한다고 생각하면 돼. 주어니까 주로 문장의 앞 부분에 나오겠지? 예문 몇 가지 적어줄게.

TIP

가주어 it

사실 영어는 주어가 긴 걸 싫어해. 그래서 가끔 주어를 문장의 뒤로 넘겨버리는 경우가 있어. 예를 들어서 "To learn English is not easy."라는 문장에서 색깔을 넣은 부분이 주어 역할을 하는데 너무 길지? 그래서 그 주어를 문장의 뒤로 넘겨서 "is not easy to learn English."라고 하기도 해. 그런데 이렇게 되면 주어가 있어야 할 자리가 텅 비잖아? 그래서 가짜로 주어 역할을 할 수 있는 'It'을 여기에 써서 "It is not easy to learn English."라고 하는 경우가 많아. 이때 It을 '가짜 주어' 혹은 '가주어'라고 하고, to 이하는 '진짜 주어' 혹은 '진주어'라고 하는 거야. 자세한 내용은 UNIT 26을 참고해.

- To learn English is not easy. 영어를 배우는 것은 쉽지 않다.
- To sing a song is always fun. 노래를 부르는 것은 언제나 즐겁다.
- To eat vegetables is good for your health.
  야채를 먹는 것이 네 건강에 좋다.

목적어: ~하는 것을

to부정사가 문장에서 '~하는 것을'이라고 해석되면 그건 목적어 역할을 한다고 볼 수 있는데 이 부분은 따로 UNIT을 만들 만큼 조금 중요한 부분이야. UNIT 26에서 다시 이야기해줄게. 일단 다음 예문들만 좀 살펴볼래?

- He loves to sing a song. 그는 노래 부르는 것을 좋아한다.
- I want to learn English. 나는 영어 배우는 것을 원한다.
- We decided to eat more vegetables.
  우리는 더 많은 야채를 먹는 것을 결정했다. (먹기로 했다.)

보어: ~하는 것(이다)

to부정사가 문장에서 보어 역할을 하는 경우는 흔치 않아. 딱 다음 예문들만 기억하면 여러분이 어떤 책을 보든 내용은 비슷할 거야.

- Your homework is to read this book. 네 숙제는 이 책을 읽는 것이다.
- My hobby is to play the guitar. 내 취미는 기타를 연주하는 것이다.
- His dream is to become a rapper. 그의 꿈은 래퍼가 되는 것이다.

※ 다음 문장에서 밑줄 친 to부정사가 주어, 목적어, 보어 중 어떤 역할을 하는
지 ✓ 표시해봅시다.

1) To become a pilot is difficult.　　　　주어 ☐ 목적어 ☐ 보어 ☐

2) He needs to go to the hospital.　　　　주어 ☐ 목적어 ☐ 보어 ☐

3) My dream is to travel around the world.　주어 ☐ 목적어 ☐ 보어 ☐

정답 1) 주어 2) 목적어 3) 보어

의문사 + to부정사

to부정사에서 빠지지 않고 나오는 개념 중 하나가 바로 '의문사 + to부
정사'라는 건데 이건 아주 중요하니까 반드시 확실하게 이해하는게 좋
아. 혹시 의문사가 무엇인지는 알고 있니? when(언제), where(어디),
who(누구), what(무엇), how(어떻게), why(왜) 등이 그것이야. 우리말의
언제, 어디서, 누가, 무엇을, 어떻게, 왜와 같은 거야. 즉 영어의 '6하 원칙'
이라 보면 되지.

1) what to: 무엇을 ~할지

  • I don't know what to do. 내가 무엇을 해야 할지 모르겠어.

2) how to: 어떻게 ~할지, ~하는 방법

  • Can you tell me how to use this machine?

    당신은 제게 이 기계를 사용하는 방법을 알려주실 수 있나요?

210

3) where to: 어디로(어디에서) ~할지

- First, we should decide where to meet.

  먼저, 우리는 어디에서 만날지 결정해야 해.

4) when to: 언제 ~할지

- They couldn't decide when to leave.

  그들은 언제 출발할지 결정할 수 없었다.

피러쌤, 질문 있어요!

문법 용어는 중요하지 않다고 하시면서
문법 용어를 계속 말씀하시는 이유는 뭔가요?

내가 중학교에 다닐 때는 문장 속에서 to부정사가 어떤 역할을 하느냐가 중요한 문제였어. 하지만 사실 생각해보면 to부정사가 주어로 쓰였든, 목적어로 쓰였든 의사소통을 하는 데 있어서 별로 중요한 게 아니거든. 그냥 해석만 잘 하면 그걸로 된 거야. 그럼에도 불구하고 쌤이 이런 용어를 최소한으로나마 언급하는 이유는 아직 많은 문제집에서 그렇게 설명하고 있고, 심지어 여러분이 학교에서 배우는 교과서에도 이런 용어들이 간혹 나타나기 때문이야. 시간이 흐르면서 이런 용어들은 점점 더 사라지겠지. 조금씩 적응해가자고. 더 쉬운 영어를 위해 우리 모두 파이팅!

능력 부인하기

I can't play the guitar. 나는 기타를 연주할 줄 몰라.
I don't know how to skate. 나는 스케이트 타는 법을 몰라.
I'm not good at math. 나는 수학에 소질이 없어.

Jisung: Oh, you are good at skating.

지성: 오, 너 스케이트 잘 타네.

Yuna: Thanks. It's just my hobby.

연아: 고마워. 그냥 취미야.

Jisung: I don't know _____(skate, how, to). Can you teach me?

지성: 나는 스케이트 타는 법을 몰라. 네가 가르쳐줄 수 있니?

Yuna: Sure. Then can you teach me how to play soccer?

연아: 당연하지. 그럼 너는 내게 축구하는 법을 가르쳐줄 수 있니?

Jisung: Of course.

지성: 그럼.

Check

괄호 안 주어진 단어의 순서를 재배열해 위 대화의 빈칸에 알맞은 말을 써봅시다.

정답 how to skate

UNIT 24

형용사, 부사 역할을 하는
to부정사

UNIT 23에서 우리는 명사 역할을 하는 to부정사를 살펴보았어. 이번
UNIT에서는 형용사와 부사 역할을 하는 to부정사를 살펴볼 거야.

to부정사의 3가지 역할: 명사, 형용사, 부사

일단 형용사와 부사의 개념부터 다시 한 번 알아볼까?

승무원: Would you like something to drink?

승무원: 마실 것을 좀 드릴까요?

승객: Oh, yes. I'm happy to hear that.

승객: 오, 네. 그 말을 듣게 되어 기쁘네요.

승무원이 한 말에서 to drink는 앞에 있는 something이라는 명사를 꾸며주고 있어. UNIT 21에서 이야기했지? 형용사는 명사를 꾸며준다고. 여기서 to drink가 바로 그 형용사 역할을 하고 있는 거야. 앞에 있는 명사(something)를 꾸며주고 있잖아. 그리고 승객이 한 말 중에서 to hear는 '듣게 되어' 혹은 '들었기 때문에'라고 해석하는데 이때의 to부정사는 부사의 역할을 한다고 말할 수 있어. 그 이유는 뒤에서 설명할게.

to부정사는 아주 다양한 뜻으로 사용되는 녀석이야. 그 종류가 너무 많아서 누가 그랬는지는 모르지만 옛날부터 우리나라 문법책에는 이 녀석을 명사, 형용사, 부사 역할을 한다고 구분해왔고 그 속에서 또다시 세부적인 분류를 했지. 하지만 현대영어에서는 그걸 구분하는 것 자체가 별 의미는 없어. to부정사를 계속 공부하다 보면 문장 속에서 to부정사가 어떤 의미인지 딱 해석되기 때문이지.

형용사 역할

앞에서 말한 형용사들은 주로 명사의 앞에서 명사를 꾸며주었지?

- I have a red apple. 나는 빨간 사과를 하나 갖고 있다.
- That's an easy question. 그건 쉬운 질문이다.

위 예문에서 red와 easy가 각각 apple과 question이라는 명사를 앞에서 꾸며주잖아. 그런데 to부정사는 좀 달라.

1) 명사를 뒤에서 꾸며준다.

to부정사는 일반적인 형용사와 달리 명사의 앞이 아닌, 뒤에 위치해. 다음 예를 보면 이해가 될 거야.

- I have a lot of homework to do. 나는 해야 할 많은 숙제가 있다.
- He needs a bicycle to ride. 그는 탈 자전거가 필요하다.
- They have some books to read. 그들은 읽을 책이 몇 권 있다.

2) to부정사 뒤에 전치사를 써주어야 할 때가 있다.

- Do you have a chair to sit on? 너는 앉을 의자가 있니?
- They need a house to live in. 그들은 살 집이 필요하다.

TIP

to부정사 뒤에 전치사가 필요한지 불필요한지 알 수 있는 방법

to부정사가 꾸며주는 명사(구)를 뒤로 넘겨보면 알 수 있어.

I have some bread to eat. 나는 먹을 빵을 조금 갖고 있다.

이 예문에서 some bread를 eat 뒤로 넘기면 eat some bread가 되면서 그 자체로 말이 되잖아. 그러니까 eat 다음에 전치사가 불필요한 거지.

They need a house to live. 그들은 살 집이 필요해.

이 예문에서 a house를 live 뒤로 넘기면 live a house가 되는데 이게 어법상 맞는 말일까? live in(~에) a house라고 해야 말이 되지. 그러니까 위 예문은 "They need a house to live in."처럼 뒤에 in을 써주어야 하는 거야.

Pop Quiz

부사 역할

to부정사가 부사 역할을 할 때는 다음 3가지 경우 중에 하나야. 물론 어떤 책에는 더 많은 경우를 설명해놓기도 하는데 거의 사용되지 않는 것들이니까 지금은 딱 이만큼만 알아도 충분해! Trust me!

1) 목적: ~하기 위해

to부정사 중에 가장 많이 쓰이는 뜻이 바로 이 뜻이야. 잘 알아둬.

• I went to the restaurant to eat steak.

  나는 스테이크를 먹기 위해서 그 식당에 갔다.

• Wendy studies hard to become a vet.

  Wendy는 수의사가 되기 위해 열심히 공부한다.

2) 감정의 원인: ~해서, ~하기 때문에

영어 왕초보 때부터 "Glad to meet you."라는 말 들어본 적 있지? 여기

216

에 쓰인 'to meet'가 바로 이 뜻으로 쓰인 거야. 알고 있었니?

- I'm glad to meet you. 나는 당신을 만나서 기뻐요.
- They were surprised to see Peter on the street.

  그들은 Peter를 길거리에서 봐서 깜짝 놀랐다.

3) 결과: …해서 결국 ~하다

to부정사가 이런 의미로 쓰일 때는 많지 않아. 다음 문장들만 알고 있으면 될 거야.

- She grew up to be a famous singer.

  그녀는 자라서 유명한 가수가 되었다.
- I woke up to find a Christmas gift in my sock.

  나는 잠에서 깨서 내 양말 속에 있는 크리스마스 선물을 발견했다.

피러쌤, 질문 있어요!

'~하지 않기 위해'는 영어로 어떻게 말해야 하나요?

아, 그건 to부정사 앞에 not을 써주면 되지. 예를 들어볼까?

I practiced hard not to lose the game.
나는 게임에 패하지 않기 위해서 열심히 연습했다.

유감이나 동정 표현하기

That's too bad.

그것 참 안되었네요.

I'm sorry to hear that.

그 소식을 들으니 유감입니다.

That's a pity.

그거 참 안되었다.

Human: You look sad. What happened?

인간: 너 슬퍼보이네. 무슨 일이야?

Water Bear: My grandpa is sick.

물곰: 우리 할아버지가 편찮으셔.

Human: Oh, I'm sorry _____(hear) that. How old is he?

인간: 오, 그 소식을 들으니 유감이다. 연세가 어떻게 되시는데?

Water Bear: He is 1,250 years old.

물곰: 1,250살이셔.

Human: Wow!

인간: 와우!

 Check

괄호 안 주어진 단어를 이용해 위 대화의 빈칸에 알맞은 말을 2개의 단어로 써봅시다.

정답 to hear

UNIT 25

명사로 변신한 동사!
동명사

영어에서 동사의 끝에 ing를 붙이는 경우가 2가지 있어. 하나는 UNIT 16
에서 배운 '진행형'이라는 녀석이고, 다른 하나는 오늘 배울 '동명사'라는
녀석이야. 사실 얘네 둘은 생긴 게 똑같아서 문장 속에 쓰였을 때 구분하
기가 쉽지 않아. 하지만 이 책을 3번쯤 보면 아마도 보자마자 "아하! 너
진행형이구나!" 혹은 "아하! 너 동명사구나!" 하는 날이 올 테니 나만 믿
고 잘 따라와줘!

자, 그럼 동명사에 대해 공부해볼까? UNIT 23에서 to부정사의 명사 역
할을 공부할 때 다음 예문들과 비슷한 문장들을 보았는데 기억나니? 그
런데 그때랑 뭐가 달라졌지?

1) Riding a bicycle is easy. 자전거 타는 것은 쉽다.

2) I like riding a bicycle. 나는 자전거 타는 것을 좋아한다.

3) My hobby is riding a bicycle. 내 취미는 자전거 타는 것이다.

UNIT 23에서 보았던 예문들에는 to부정사인 to ride가 쓰였고, 지금은 동명사인 riding이 쓰였어. 여기서 우리가 알 수 있는 사실 한 가지는 to부정사가 명사 역할을 할 때 to부정사 대신 동명사가 쓰일 수 있다는 거야. 형용사나 부사 역할을 할 때가 아닌 명사 역할을 할 때를 말하는 거지. 왜일까? 바로 동명사는 동명사잖아. 그러니까 당연히 동명사도 명사 역할을 하는 거지. 물론 동사들 중에는 동명사를 목적어로 취하지 않는 녀석들도 있는데 뒤에서 자세하게 얘기해 줄게.

TIP

동명사는 영어로 gerund라고 해

동명사는 우리나라 사람이 만든 개념이 아니라 to부정사처럼 원래 있는 개념이야. 문법 용어들을 영어로 알아두면 좋긴 한데 지금은 그게 급한 게 아니니까 일단 넘어가자고. 그렇지만 나중에 어느 정도 자신감이 붙었을 때는 영어로 문법 용어들을 알아놓는 게 좋아. 왜냐하면 머지않아 여러분들이 외국인한테 영어를 배울 날이 올 거니까. 학교에서든 학원에서든 혹은 어학연수를 가서든 원어민한테 "Can I ask you about 동명사?"라고 할 수는 없잖아.

220

Pop Quiz

※ 다음 문장에서 동명사에 밑줄 쳐봅시다.

1) I enjoy watching TV.
2) Playing tennis is exciting.
3) My dream is traveling around the world.

정답 1) watching 2) Playing 3) traveling

동명사란

그럼 동명사는 간단히 말해서 뭘까? 말 그대로 동사를 명사로 만들어 놓은 형태를 말해. 원래 동사였는데 인위적으로 ing를 붙여서 명사로 만들었다는 뜻이지.

동명사의 형태: 동사원형ing

그런데 동사의 끝에 ing를 붙이기만 하면 끝나는 게 아니야. 역시나 예외적인 규칙들이 존재하지.

UNIT 16에서 '진행형'에 대해 공부할 때 몇 가지 규칙을 배웠는데 기억나니? 그때 보여주었던 표를 다시 한번 여기에서 보여줄게.

구분	규칙	예시
대부분의 동사	동사원형ing	play → playing, watch → watching walk → walking, eat → eating
e로 끝나는 동사	e를 빼고 ing	make → making, come → coming smile → smiling, move → moving
'자음 + 모음 + 자음'으로 끝나는 동사	마지막 자음을 한 번 더 쓰고 ing	run → running, plan → planning swim → swimming, get → getting

동명사의 역할

동명사의 역할은 to부정사가 명사 역할을 할 때랑 똑같아. UNIT 23과 비교해볼래?

1) 주어 역할: ~하는 것은

to부정사가 명사 역할을 할 때 주어로 사용되는 경우를 봤지? 그때랑 똑같아. 즉 다음 예문에서 주어로 사용된 동명사들을 to부정사로 바꿔도 전혀 상관없다는 이야기지.

- Running a marathon is not easy. (= To run)

  마라톤을 달리는 것은 쉽지 않다.

- Playing the piano is always fun. (= To play)

  피아노를 치는 것은 언제나 즐겁다.

- Eating vegetables is good for your health. (= To eat)

  야채를 먹는 것이 네 건강에 좋다.

2) 목적어 역할: ~하는 것을

주어와 보어 역할을 할 때는 예문 속에서 동명사를 to부정사로 바꾸어주어도 전혀 문제가 되지 않는데, 목적어 역할일 때는 어떤 동사가 쓰이느냐에 따라서 목적어로 to부정사를 쓰기도 하고 동명사를 쓰기도 해. 자세한 건 UNIT 26에서 알려줄게.

- I want to learn Taekwondo. 나는 태권도 배우는 것을 원한다.
  - → want는 목적어로 to부정사만 고집하는 동사라서 learning이라고 쓰면 틀림
- I enjoy learning Taekwondo. 나는 태권도 배우는 것을 즐긴다.
  - → enjoy는 목적어로 동명사만 고집하는 동사라서 to learn이라고 쓰면 틀림
- He decided to travel alone. 그는 혼자 여행가는 것을 결정했다.
  - → decide는 목적어로 to부정사만 고집하는 동사라서 traveling이라고 쓰면 틀림
- He finished traveling alone. 그는 혼자 여행하는 것을 끝마쳤다.
  - → finish는 목적어로 동명사만 고집하는 동사라서 to travel이라고 쓰면 틀림

3) 보어 역할: ~하는 것(이다)

보어 역할일 때도 주어 역할과 마찬가지로 동명사를 to부정사로 바꿀 수 있어.

※ 다음 동사의 끝에 ing를 붙여서 동명사 형태를 만들어봅시다.

1) become → _____   2) work → _____   3) run → _____

4) study → _____   5) live → _____   6) stop → _____

정답 1) becoming 2) working 3) running 4) studying 5) living 6) stopping

- His job is driving a bus. (= to drive)

  그의 직업은 버스를 운전하는 것이다.

- Her hobby is listening to music. (= to listen)

  그녀의 취미는 음악을 듣는 것이다.

- My dream is living on Mars. (= to live)

  내 꿈은 화성에 사는 것이다.

피러쌤, 질문 있어요!

그럼 동명사는 주어, 목적어, 보어, 이렇게 딱 3가지만 알아두면 될까요?

사실 몇 가지 표현들이 더 있어. 가장 많이 쓰이는 5가지만 알려줄게.

1) spend + 돈/시간 + -ing: ~하는 데 돈/시간을 쓰다.

　　I spent five hours doing my homework. 나는 숙제하는 데 5시간을 썼다.

2) cannot help + -ing: ~하지 않을 수 없다.

　　I can't help laughing. 나는 웃지 않을 수 없다.

3) be busy + -ing: ~하느라 바쁘다.

　　Michael is busy helping his mom. Michael은 그의 엄마를 도와드리느라 바쁘다.

4) look forward to + -ing: ~하기를 고대하다. ★★★

　　I'll look forward to hearing from you. 네 소식을 듣게 되길 고대하고 있을게.

5) be used to + -ing: ~하는 데 익숙해지다. ★★★ (참고: 16장의 ③)

　　He is used to living in a big city. 그는 큰 도시에 사는 게 익숙해졌다.

일반적으로 to가 나오면 당연히 동사원형이 나오는 줄 아는데 -ing가 나오는 경우가 가끔 있어. 이런 게 시험에 자주 출제되지.

※ 다음 중 어법상 잘못된 것은?

　　I'm looking forward to meet him. (X)

　　→ meet이 아니라 meeting이 되어야 함

요청하기

Can you **close the window, please**?

창문을 좀 닫아줄 수 있니?

Could I ask you to **close the window**?

창문 닫는 것을 요청드릴 수 있을까요?

Do you mind **clos**ing the window?

창문을 좀 닫아주시겠습니까?

A: Oh, it's very hot today.

A: 오, 오늘 진짜 덥다.

B: Yes. We should turn on the air conditioner.

B: 맞아. 우리 에어컨을 켜야 해.

A: I will turn it on. Do you mind _____(close) the window?

A: 내가 켤게. 너 창문을 좀 닫아줄래?

B: No, I don't.

B: 알겠어.

 Check

괄호 안 주어진 단어의 형태를 바꾸어 위 대화의 빈칸에 알맞은 말을 써봅시다.

정답 closing

226

UNIT 26

to부정사와 동명사!
못 다한 이야기

영어에서 to부정사와 동명사는 아주 중요한 개념이야. 중요하다는 건 그
만큼 영어 문장에서 자주 볼 수 있다는 뜻이지. 그래서 몇 가지 중요한 이
야기를 좀더 하고 이번 장을 마칠까 해.

　앞에서 살펴보았듯이 to부정사와 동명사는 둘 다 명사 역할을 할 수 있
다는 공통점이 있어. 좀더 자세히 말하면 문장 속에서 주어, 목적어, 보어
역할을 할 수 있다는 공통점이 있는 거지. 특히 주어와 보어 역할을 할 때
는 to부정사가 쓰였을 때 동명사로 바꾸어도 상관없고, 동명사가 쓰였을
때 to부정사를 써도 상관없다는 말을 앞에서 했는데 기억나지?

　• (주어) To play soccer is always fun.

　　　= Playing soccer is always fun.

• (보어) My hobby is to play soccer.

= My hobby is playing soccer.

그런데 목적어 역할을 할 때는 좀 달라. 다음 예문들을 볼까?

Chris: I want to make spaghetti.

Chris: 나는 스파게티 만들기를 원해.

Peter: I finished making spaghetti.

Peter: 나는 스파게티 만들기를 끝냈어.

David: I like to make(making) spaghetti.

David: 나는 스파게티 만들기를 좋아해.

세 사람이 한 말에서 to부정사와 동명사는 모두 동사의 목적어 역할을 하고 있어. 주의할 점은 Chris가 한 말에서 to make 대신 making을 쓸

Pop Quiz

※ 다음 문장 속 밑줄 친 부분과 바꾸어 쓸 수 있는 말을 써봅시다.

1) Drinking enough water is important. → (   )
2) His dream is to make a time machine. → (   )
3) To smile makes others smile. → (   )

정답 1) To drink 2) making 3) Smiling

228

수 없다는 거야. 마찬가지로 Peter가 한 말에서 making 대신 to make를 쓸 수 없어. 그런데 흥미로운 건 David이 한 말에서는 to make 대신 making을 쓸 수 있어.

그 이유를 지금부터 알려줄게.

목적어로 '동명사'가 필요한 동사와 'to부정사'가 필요한 동사

동사들 중에 목적어를 사용할 때 동명사만 좋아하는 애들이 있고, to부정사만 좋아하는 애들이 있고, 둘 다 좋아하는 애들이 있어. 다시 말하면 동명사를 좋아하는 동사이기 때문에 to부정사를 쓰면 어법상 틀리는 거지. 마찬가지로 to부정사를 좋아하는 동사이기 때문에 동명사를 쓰면 안 되는 거야.

힘들겠지만 하나하나 조금씩 외워보자. 참고로 232쪽에서 내가 쉽게 외우는 방법을 한 가지 소개할게.

1) 꼭 동명사만 써야 되는 동사: enjoy, stop, finish, give up 등
  • He enjoys learning Korean. 그는 한국말 배우는 것을 즐긴다.
  • They stopped playing computer games.
    그들은 컴퓨터 게임하는 것을 멈췄다.
  • I finished doing my homework. 나는 숙제하는 것을 끝냈다.

2) 꼭 to부정사만 써야 되는 동사: want, decide, plan, need 등
  • I want to go home. 나는 집에 가기를 원한다.
  • We decided to study together. 우리는 함께 공부하기로 결정했다.

- Yumi is planning to buy a new smartphone.

  유미는 새 스마트폰을 구입하는 것을 계획 중이다.

3) 둘 다 써도 되는 동사: like, love, start, begin 등

- I like reading(혹은 to read) a book. 나는 책 읽는 것을 좋아한다.
- Brian started baking(혹은 to bake) bread.

  Brian은 빵 굽는 것을 시작했다.

Pop Quiz

※ **다음 주어진 단어를 이용해 빈칸에 알맞은 말을 써봅시다.**

1) They enjoyed _____(sing) together.
2) Kevin needs _____(study) harder.

정답 1) singing 2) to study

TIP

I want to를 I wanna로 읽는 미국 사람들!

미국 사람이라고 해서 다 그런 건 아니지만 많은 미국인들 혹은 캐나다 사람들이 want to 를 'wanna'라고 읽어. 우리말로 하면 '원투'가 아니라 '워너' 정도가 되겠지. 그냥 빠르게 읽 다보니 발음이 좀더 부드러워졌다고 생각하면 되고, 반드시 따라할 필요는 없어. want to 로 읽든, wanna로 읽든 선택은 여러분의 몫!

가주어 it

앞에서 살짝 언급했던 개념 중에 '가주어 it'이라는 게 있어. '가주어'라는 말은 '가짜 주어'라는 건데 말 참 재밌지?

영어는 주어가 긴 걸 싫어해. 그래서 주어가 좀 길다 싶으면 문장의 뒤쪽으로 넘기는 게 일반적이지. 예를 들면 다음과 같아.

To make one million dollars in a day is difficult.

↓ (이 문장 속 주어가 너무 기니까, 뒤쪽으로 넘겨보자.)

is difficult to make one million dollars in a day.

↓ (그런데 주어를 이렇게 뒤로 넘기니까 이상한 문장이 되어서 또 바꾸었지.)

It is difficult to make one million dollars in a day.

하루에 백만 달러를 버는 것은 어렵다.

이렇게 그냥 형식적으로 가짜 주어 it을 문장 맨 앞에 쓰는 거야.

- It is easy to make ramyeon. 라면을 끓이는 것은 쉽다.
- It was impossible to move the big stone alone.

  그 커다란 돌을 혼자 옮기는 게 불가능했다.

즉 문장 처음에 It이 오면 우선 '그것'이라는 뜻의 대명사인지 생각해보고, 아닌 것 같으면 '가주어'로 판단하고 문장 뒤에 진짜 주어가 있는지 확인해야 해.

피러쌤, 질문 있어요!

그런데 혹시 to부정사와 동명사를 목적어로 취하는 동사들을

쉽게 외울 수 있는 방법이 없을까요?

자, 동사들을 쭉 한번 나열해보자.

1) 동명사랑 친한 애들

enjoy(~을 즐기다), stop(~을 멈추다), finish(~을 끝내다), give up(~을 포기하다) 등

2) to부정사와 친한 애들

want(~을 원하다), decide(~을 결정하다), plan(~을 계획하다), need(~을 필요로 하다) 등

1)번 동사들의 경우 어떤 행동을 이미 하고 있거나 과거에 해보았던 거야. 예를 들어서 "I stopped playing computer games."의 경우 컴퓨터 게임을 이미 하고 있었는데 그 행동을 멈춘 거라는 이야기지. 반면에 2)번 동사들의 경우 어떤 행동을 앞으로 미래에 할 거란 이야기야. 예를 들어서 "I want to play computer games."의 경우 아직 게임을 한 게 아니라 앞으로 하고 싶다는 이야기잖아.

자, 그럼 이걸 어떻게 이용하면 될까? 시험 문제에 "I planned _____(buy) a new bicycle." 같은 빈칸 채우기 문제가 나왔을 때, 이런 식으로 생각하면 돼. 새 자전거를 과거에 이미 샀던가, 아니면 앞으로(미래에) 살 거잖아? 당연히 앞으로 살 거잖아. 그럴 계획을 세웠다는 거고. 그러니까 빈칸에는 'to buy'가 들어가야 하는 거지.

정리하자면 동명사는 과거와 관련이 있고, to부정사는 미래와 관련이 있음!

9장 Practice 및 Review Test
저자의 블로그로 이동해보자

강조하기

It is important to drink enough water.
충분한 물을 마시는 것은 중요하다.
I want to stress three things.
나는 3가지를 강조하고 싶어.

A: You look thirsty. Why don't you drink some water?

A: 너 갈증이 나는 것 같은데. 물을 좀 마시지 그러니?

B: I don't like water.

B: 나는 물을 좋아하지 않아.

A: But _____ is important to drink enough water.

A: 하지만 충분한 물을 마시는 것은 중요해.

B: Really? How much water do we need to drink a day?

B: 정말? 하루에 얼마나 많은 물을 마셔야 하는데?

A: About two liters.

A: 약 2리터 정도.

 Check

우리말 해석을 참고해 위 대화의 빈칸에 알맞은 말을 써봅시다.

정답 it

⑩ 장

쉬워 보이지만 쉽지 않은
'전치사'와 '접속사'

영어를 공부하다 보면 처음엔 쉬워보였는데 점점 어려워지는 녀석들이 있어. a, an, the 같은 관사가 그렇고, 또 이번 장에서 배울 전치사, 접속사 같은 애들도 그렇지. 단어가 짧고 항상 보이는 것들이라 쉽게 느껴지지만 공부를 하면 할수록 어렵다는 걸 알게 될 거야. 그 이유는 단어 하나가 다양한 뜻을 갖고 있기 때문인데, 나중에 a, in, and 같은 쉬워보이는 단어들을 사전에서 한번 찾아봐. 얼마나 뜻이 다양한지 알게 될 거니까.

at, in, on, of 같은 애들을 전치사라고 하고, and, but, when, because 같은 애들을 접속사라고 해.

전치사는 명사, 대명사 혹은 시간을 나타내는 말 등의 앞에 쓰이는 애들이야.

전치사 + 명사 / 대명사

• I played soccer with them. 나는 그들과 함께 축구를 했다.
• They arrived in Seoul at 5:30 p.m.
  그들은 오후 5시 30분에 서울에 도착했다.

접속사는 일반적으로 문장과 문장을 연결해주는 역할을 하는 녀석이지.

문장 + 접속사 + 문장

- Sam likes pizza, but I don't like it.

  Sam은 피자를 좋아하지만 나는 좋아하지 않는다.

- When I saw Jack, he was dancing.

  내가 Jack을 보았을 때 그는 춤을 추고 있었다.

and, but, or 같은 접속사는 문장이 아닌 단어를 연결하기도 함!

일반적으로 접속사는 문장과 문장을 연결해주는 역할을 하지만 and, but, or 같은 애들은 그냥 단어와 단어를 연결하기도 해.

I drank juice and water. 나는 주스와 물을 마셨다.

UNIT 27

'언제'를 나타내는
시간 전치사

일상생활 속에서 우리는 수많은 약속을 하고 수많은 스케줄에 쫓기며 살고 있어. 시간에는 많은 종류가 있지. 시(hour)와 분(minute) 단위에서부터 일(day), 월(month), 년(year) 단위까지 말이야. 이번 UNIT에서는 영어에서 시간을 나타낼 때 쓸 수 있는 전치사에 대해 배워볼 거야.

다음 페이지 그림에 나오는 꼬마들 귀엽지? 그림 속 매니저 꼬마가 한 말들 속에서 at, on, in에 주목해볼까? 얘들이 바로 시간을 나타내는 전치사, 일명 '시간 전치사'라고 불리는 애들이야.

물론 시간을 나타내는 다른 전치사들도 있지만 at, on, in이 가장 중요해. 그런데 언제 at을 쓰고, 언제 on을 쓰고, 언제 in을 사용하는 걸까? 그림 아래의 예문들을 보고 그 차이점을 한번 찾아보도록 해. 답은 다음 페이지에 공개할게.

238

- He was in London at 6:00 a.m. 그는 오전 6시에 런던에 있었다.

- He was in London on October 14th.

  그는 10월 14일에 런던에 있었다.

- He was in London in October. 그는 10월에 런던에 있었다.

※ 다음 문장에서 시간을 나타내는 전치사에 밑줄 쳐봅시다.

1) I went to bed at 10 o'clock last night.

2) Minji met Peter on her birthday.

3) It snows a lot in winter.

정답 1) at 2) on 3) in

대표적인 시간 전치사

1) at + 구체적인 시각

일반적으로 '구체적인 시각'을 묘사할 때 at을 사용해.

- I usually wake up at 7:00 a.m. 나는 보통 오전 7시에 일어난다.
- Frank had lunch at noon today.

  Frank는 오늘 정오에 점심식사를 했다.
- They arrived here at 10 o'clock. 그들은 10시 정각에 여기 도착했다.
- Jimin goes to bed late at night. 지민이는 밤에 늦게 잔다.

2) on + 날짜, 요일, 특정한 날

날짜, 요일, 혹은 특정한 날을 묘사할 때는 on을 사용하지.

- I'm going to have dinner with her on June 3.

  나는 6월 3일에 그녀와 저녁을 먹을 거야.
- People usually feel tired on Mondays.

  사람들은 보통 월요일에 피곤함을 느낀다.
- We had a party on my birthday. 우리는 내 생일에 파티를 열었다.

3) in + 월, 계절, 연도

in은 월, 계절, 연도 같은 비교적 긴 기간을 나타내는 말 앞에 쓰여.

TIP

날짜 읽는 방법

날짜는 서수로 읽는 게 원칙이야. 기수, 서수에 대해 들어보았니? one, two, three, four… 이렇게 부르는 게 기수고, 서수는 first, second, third, fourth, fifth, sixth, seventh… 이렇게 부르는 거야. 5월 2일을 영어로 말할 때 May two라고 읽지 않고 May second라고 읽어. 쓸 때도 May 2nd라고 쓰는 게 원칙이지만 현대영어에서는 May 2라고 쓰기도 해. 물론 May 2라고 써도 읽을 때는 May second라고 읽는 게 일반적이야(사실 May two라고 읽는 원어민도 있어. 하지만 우리는 기초를 배우는 중이니까 원어민 몇 명이 May two라고 읽어도 우리는 May second라고 읽자고). 자세한 내용은 16장의 11, 12 를 참고해보도록 해.

- The summer vacation begins in July. 여름방학이 7월에 시작한다.

- You can see beautiful flowers in spring.

  너는 봄에 아름다운 꽃들을 볼 수 있어.

- Peter started learning English in 1990.

  Peter는 1990년에 영어를 배우기 시작했다.

Pop Quiz

※ 다음 괄호 속 전치사 중 어법상 적절한 것을 골라봅시다.

1) I will meet Seolhyun (at, on, in) 9:30.

2) I will meet Seolhyun (at, on, in) New Year's Day.

3) I will meet Seolhyun (at, on, in) the summer.

정답 1) at 2) on 3) in

기타 시간 전치사

영어에는 at, on, in 말고도 시간을 묘사할 때 사용하는 전치사가 많이 있는데 그 중에서 꼭 알아야 할 몇 가지를 지금부터 소개할게.

1) until /by: ~까지

• Eric should finish his homework by 7:00 p.m.

Eric은 오후 7시까지 숙제를 끝내야 해.

• Scott should stay home until 7:00 p.m.

Scott은 오후 7시까지 집에 있어야 해.

2) before: ~ 이전에

after: ~ 이후에

• Please come to the office before 3 o'clock.

3시 정각 이전에 사무실로 오세요.

• I will call you after lunch. 내가 점심 식사 후에 네게 전화할게.

3) for + 숫자 / during + 특정기간: ~동안

- He had a part-time job for 30 days.

  그는 30일 동안 아르바이트를 했다.

- He had a part-time job during the vacation.

  그는 방학 기간 동안 아르바이트를 했다.

참고로 여기서 until과 by의 차이점에 대해 알려줄게. by는 특정시간 이전에만 그 행동을 하면 된다는 의미고, until은 특정시간까지 그 행동을 계속해야 한다는 뜻이야. 다음 문제에 도전해볼까?

1) We studied at the library (by, until) 10:30.

   우리는 10시 30분까지 도서관에서 공부했다.

2) I should find a new place (by, until) August 5.

   나는 8월 5일까지 새로운 장소를 찾아야 한다.

정답은 각각 until과 by, 그리고 하나 더, 시간 전치사 at, on, in을 좀 쉽게 구분할 수 있는 방법에 대해 알려줄게. 이렇게 생각하면 좀 쉬울 거야. at은 '몇 시 몇 분'하는 시각 앞에, on은 '하루'짜리 앞에, in은 '이틀 이상'짜리 앞에 사용해. 예를 들어서 '_____ April'에서 빈칸에 들어갈 말을 생각해보자. April은 4월인데 4월은 30일까지 있으니까 이틀 이상이 잖아. 그러니까 빈칸에는 in이 들어가야지. '_____ April 25'의 경우에는 4월 25일 하루짜리니까 on이 들어가겠지. 물론 in the morning, at night 등의 예외적인 것들은 살짝 외워야 하는 거 알지?

질문에 답하기 1

Yes, I do. / No, I don't. 응, 그래. / 아니, 그렇지 않아.
August 15th. 8월 15일.
It's two dollars. 그건 2달러야.

American Student: When does your summer vacation begin?

미국 학생: 여름방학 언제 시작해?

Korean Student: My summer vacation begins ＿＿ July 19th

and ends ＿＿ August 15th. But I should

study almost every day.

한국 학생: 내 여름방학은 7월 19일에 시작해서 8월 15일에 끝나. 하지만

나는 거의 매일 공부해야 해.

American Student: I'm sorry to hear that.

미국 학생: 그 이야기를 들으니 유감이구나.

Check

위 대화의 빈칸에 공통으로 들어갈 알맞은 전치사를 써봅시다.

정답 on

UNIT 28

'어디'를 나타내는 장소 전치사와 위치 전치사

우리는 수많은 스케줄 속에서 하루 하루를 바쁘게 살고 있어. 이건 어른 들뿐만 아니라 아직 어린 여러분도 마찬가지일거야. 그래서 이번 UNIT 에서는 영어에서 장소 혹은 위치를 나타낼 때 쓸 수 있는 전치사에 대해 말해줄까 해.

장소나 위치를 나타내는 전치사를 소개하는 교과서든 문법책이든 다음 페이지의 그림과 같은 것을 많이 활용하지. 어떤 책에는 사람이 그려져 있기도 하고, 또 어떤 책에는 쥐나 강아지 같은 동물이 그려져 있기도 하고.

장소나 위치를 나타내는 말이니까 우리말로는 '~에' '~위에' '~뒤에' 같이 해석할 수 있어. 다음 그림 아래에 몇가지 예를 들어줄게.

- I live in Korea. 나는 한국에 산다.

- She had to sit on the floor. 그녀는 바닥에 앉아야만 했다.

 **Pop Quiz**

※ 다음 문장에서 장소를 나타내는 전치사에 밑줄 쳐봅시다.

1) Andy is in Busan now.

2) A boy is standing behind the tree.

3) Nancy is still at home.

정답 1) in 2) behind 3) at

246

• The cat is sleeping under the chair.

그 고양이는 의자 아래에서 잠을 자고 있다.

대표적인 장소 / 위치 전치사

가장 많이 사용되는 장소 혹은 위치를 나타내는 전치사를 살펴볼까?

1) in

① ~ 안에: 어떤 공간의 안에 있다는 사실을 묘사할 때 사용

• Sam is sleeping in his room.

Sam은 그의 방 안에서 잠을 자고 있다.

• Put the ball in the box. 그 공을 박스 안에 넣어라.

② ~에: 도시, 나라 등 비교적 넓은 장소 앞에 사용

• I had a great time in Sydney.

나는 시드니에서 좋은 시간을 보냈다.

• Sohee is studying English in Canada.

소희는 캐나다에서 영어를 공부하고 있다.

2) at

~에: 비교적 좁은 장소 앞에 사용

• He had dinner at home. 그는 집에서 저녁을 먹었다.

• I met him at the party. 나는 파티에서 그를 만났다.

• Yumi works at the airport. 유미는 공항에서 일한다.

3) on

~ 위에: 어떤 공간의 위 혹은 표면에 있다는 사실을 묘사할 때 사용

- She is sitting on the bench.

  그녀는 벤치에 앉아 있다.

- There is a beautiful painting on the wall.

  벽에 아름다운 그림이 하나 있다.

피러쌤, 질문 있어요!

앞에 쓰인 예문에 "Yumi works at the airport."라는 문장이 있던데
혹시 'in the airport'라고 하면 틀린 건가요?

아니, 그렇지 않아. 사실 장소 전치사 in과 at은 구분이 애매할 때가 있어. 'in Korea' 혹은 'at home'에서처럼 반드시 in 혹은 at을 구분해서 써야 되는 경우도 있지만 'at the airport'처럼 at 대신에 in을 써도 의미 차이가 거의 없는, 즉 둘 중 어떤 걸 써도 거의 상관없는 경우도 종종 있지. 그냥 약간의 느낌 차이를 말하자면 in을 쓰면 at을 썼을 때보다 그 장소의 안, 즉 실내에 좀더 초점을 맞춘다고 생각하면 돼.

TIP

on your right, on your left

알아두면 유용한 표현이야. '오른쪽에'라고 말할 때 "on your right"이라고 하고, '왼쪽에'라고 말할 때는 "on your left"라고 말하면 되지.

※ 우리말을 참고해 괄호 속 전치사 중 적절한 것을 골라봅시다.

1) I will have dinner (at, on, in) home. 나는 집에서 저녁을 먹을 거야.

2) I will have dinner (at, on, in) the floor. 나는 바닥 위에서 저녁을 먹을 거야.

3) I will have dinner (at, on, in) Seoul. 나는 서울에서 저녁을 먹을 거야.

정답 1) at 2) on 3) in

기타 장소 전치사

in, at, on 외에 꼭 알아야 할 몇 가지만 더 소개할게.

- A cat is sleeping under the chair.

  고양이 한 마리가 의자 아래에서 자고 있다.

- There is a snake next to the chair. 의자 옆에 뱀이 한 마리 있다.

- Two dogs are fighting behind the bed.

  개 2마리가 침대 뒤에서 싸우고 있다.

- There is a teddy bear between the bed and the chair.

  침대와 의자 사이에 곰인형이 하나 있다.

TIP

There is / are~

UNIT 9에서 배웠던 내용인데 기억나니?

There is + 단수명사 ~: ~에 …이 / 가 있다.

There are + 복수명사 ~: ~에 …이 / 가 있다.

이 구문을 사용할 때 장소 전치사가 함께 사용되는 경우가 많으니까 함께 알아둬.

질문에 답하기 2

She's my friend.

그녀는 내 친구야.

In Busan.

부산에서.

It's Nancy's.

그건 Nancy의 것이야.

A: How was your vacation?

A: 네 방학은 어땠니?

B: I had a great time ＿＿＿ Busan.

B: 나는 부산에서 좋은 시간을 보냈어.

A: It sounds great.

A: 멋지게 들리는데.

B: It was great. I had a lot of delicious street food such as ssiathotteok and tteokbokki.

B: 멋졌어. 나는 씨앗호떡과 떡볶이 같이 맛있는 길거리 음식을 많이 먹었어.

Check

위 대화의 빈칸에 알맞은 전치사를 써봅시다.

정답 in

UNIT 29

접속사의 기본!
and, but, or, so

음, 오늘은 접속사라는 걸 알아볼까? 앞에서 잠깐 이야기했듯이 접속사는 일반적으로 문장과 문장을 연결해주는 단어들을 부르는 말이야. 물론 문장이 아닌 단어와 단어를 연결해주기도 하지.

오늘은 그 중 가장 기본이 되는 and, but, or, so라는 접속사에 대해 공부할 거야. 일단 가장 많이 쓰이는 and와 but의 차이점을 알아볼까?

- Betty studied hard, and she passed the test.

  Betty는 열심히 공부했다. 그리고 그녀는 시험에 합격했다.

- Andrew studied hard, but he failed the test.

  Andrew는 열심히 공부했다. 하지만 그는 시험에 떨어졌다.

and와 but은 비교적 쉬운 개념이니까 다들 어려움 없이 이해할 수 있을 거야. and는 '그리고', but은 '그러나'! 간단하지? 일단 and, but, or, so가 들어간 예문을 하나씩 살펴보고 다음 페이지에서 좀더 자세하게 알아보자고!

- James took a shower and had dinner.

  James는 샤워를 하고 저녁을 먹었다.
- It rained a lot but we went camping.

  비가 많이 왔지만 우리는 캠핑을 떠났다.
- You can stay here, or you can go home.

  너는 여기 있어도 되고 집에 가도 좋다.
- I was hungry, so I ate the bread.

  나는 배가 고파서 그 빵을 먹었다.

and, but, or

and, but, or는 영어의 접속사에서 반드시 알아야 할 가장 기본적인 녀석들이야.

and: 그리고   but: 그러나, 하지만   or: 혹은, 또는

이 친구들이 문장 속에서 어떻게 쓰이는지 예문을 통해서 알려줄게.

- Andy traveled to <u>Jeonju</u> and <u>Daejeon</u>.

  Andy는 전주와 대전을 여행했다.

- The noodle was <u>spicy</u> but <u>delicious</u>.

  국수는 매콤했지만 맛있었다.

- He is probably <u>in his room</u> or <u>in the bathroom</u>.

  그는 아마도 그의 방 혹은 욕실에 있을 거야.

- I had <u>a delicious steak</u> and <u>fresh vegetables</u>.

  나는 맛있는 스테이크와 신선한 야채를 먹었다.

- <u>He wanted to come</u> but <u>he was busy</u>.

  그는 오고 싶었지만 바빴다.

- <u>Nancy woke up at 7:00</u> and <u>she left home at 8:00</u>.

  Nancy는 7시에 일어나서 8시에 집을 나섰다.

Pop Quiz

Q1. 다음 문장에서 접속사에 밑줄 쳐봅시다.

 1) Why don't you go to Paris or London?

 2) We watched a movie and went to the Korean restaurant.

 3) I wanted to buy the shirt, but I didn't have enough money.

Q2. 다음 우리말에 해당하는 접속사를 써봅시다.

  1) 그리고 → (   ) 2) 하지만 → (   ) 3) 또는 → (   )

정답 Q1. 1) or 2) and 3) but Q2. 1) and 2) but 3) or

위 예문들에서 살펴보았듯이 and, but, or는 앞뒤의 다양한 표현들을 연결해주는 역할을 해. 복잡해보이지만 사실 and는 '그리고', but은 '그러나', or는 '혹은'이라고 해석해주면 끝이야. 어렵지 않아!

SO

so는 영어에서 아주 자주 쓰이는 단어야. 일단 기본적인 뜻은 다음과 같아.

so: 그래서

말 그대로 so는 '그래서'라는 뜻이고 원인과 결과를 나타낼 때 사용해. 다시 말하면 so 앞에 나오는 말은 '원인'이 되고, so 뒤에 나오는 말은 '결

피러쌤, 질문 있어요!

'구'와 '절'의 개념에 대해 알고 싶어요.

구와 절은 다음과 같이 간단하게 정의할 수 있어.

구(phrase): 두 단어 이상, 주어와 동사가 없음!

Peter studied in the library.
(구)

절(clause): 두 단어 이상, 주어와 동사가 있음!

Peter studied in the library and he came home late.
(절)   (절)

'구'는 주어와 동사가 없는 덩어리고, '절'은 주어와 동사가 있는 덩어리라고 생각하면 쉬울 거야.

과'가 되는 거지. 예를 들어 다음과 같은 문장을 보자.

- It's raining, so you need an umbrella.

  비가 오고 있어서 너는 우산이 필요해.

- Tony was bored, so he played computer games.

  Tony는 지루해서 컴퓨터 게임을 했다.

위 2개의 문장에서 각각 'It's raining(비가 오고 있음)'과 'Tony was bored(지루함)'가 원인을 나타내고, 'you need an umbrella(너는 우산이 필요함)'와 'he played computer games(컴퓨터 게임을 함)'가 결과를 나타내. 이렇듯 문장에서 so를 본다면 앞에 것을 먼저 해석하고 '~해서'라는 뜻으로 연결시키면 자연스럽게 해석을 이어갈 수 있어.

TIP

반복되면 생략!

앞쪽에서 보았던 "Nancy woke up at 7:00 and she left home at 8:00."에서 She 는 Nancy를 뜻하는 대명사이기 때문에 반복해서 또 언급할 필요가 없어. 따라서 "Nancy woke up at 7:00 and left home at 8:00."라고 쓸 수 있는 거지.

I studied hard but (I) failed the test. 나는 열심히 공부했지만 시험에 떨어졌다.

256

(도움) 제안, 권유, 요청에 답하기

No problem.
문제되지 않아요.
Thank you, but I don't need any help.
고맙지만 전 어떤 도움도 필요 없어요.
I'm sorry but I can't.
죄송하지만 저는 할 수 없어요.

Lion 1: Can you help me hunt the deer?

사자 1: 너 내가 저 사슴을 사냥하는 것을 도와줄 수 있니?

Lion 2: I'm sorry _____ I can't.

사자 2: 미안하지만 그럴 수 없어.

Lion 1: Why? We can eat it together.

사자 1: 왜? 우리가 그것을 함께 먹을 수 있는데.

Lion 2: I'm a vegetarian.

사자 2: 나는 채식주의자거든.

Check

우리말 해석을 참고해 위 대화의 빈칸에 알맞은 말을 써봅시다.

정답 but

UNIT
30

나도 접속사다!
when, that, before, after

이번 UNIT에서는 when, that, before, after라는 접속사를 소개할까 해.

when

접속사로서 when은 다음과 같은 뜻이 있어.

when + 주어 + 동사: ~할 때, ~일 때

• When Peter was young, he liked broccoli.

= Peter liked broccoli when he was young.

Peter는 어렸을 때 브로콜리를 좋아했다.

• When I saw Nayoung, she was eating ramyeon.

= Nayoung was eating ramyeon when I saw her.

내가 나영이를 보았을 때 그녀는 라면을 먹고 있었다.

중요한 건 when이 사용된 문장에는 주어와 동사로 이루어진 절 (clause)이 2개 나온다는 건데, when으로 시작하는 절이 문장의 앞쪽에 와도 되고 뒤쪽에 와도 되지.

Pop Quiz

※ '~일 때' 혹은 '~할 때'라는 뜻을 가진 접속사를 이용해 문장을 완성해봅시다.

_____ Lisa arrived home, I was watching TV.

정답 When

that

2장에서 우리는 대명사 역할을 하는 that에 대해 살펴보았어. 오늘은 접속사 역할을 하는 that을 살펴볼 거야. 접속사 that으로 시작하는 절, 그러니까 'that + 주어 + 동사 ~'는 문장 속에서 다음 3가지 역할을 할 수 있어.

1) 주어 역할: ~은, ~는, ~이, ~가

- It is interesting that Kevin loves gimchi.

  Kevin이 김치를 좋아한다는 사실이 흥미롭다.

- It is true that I'm in love with Carrie.

  내가 Carrie와 사랑에 빠진 건 사실이다.

2) 보어 역할: ~것(이다)

- The problem is that I don't have enough money.

  문제는 내가 충분한 돈을 갖고 있지 않다는 것이다.

  → that으로 시작하는 절이 주어(The problem)의 의미를 보충 설명해주고 있어.

TIP

가주어와 진주어

UNIT 26에서 가주어와 진주어 이야기를 했지? 그때는 to부정사가 진주어로 사용되는 경우를 살펴보았는데 접속사 that으로 시작하는 절도 진주어가 될 수 있어. 그렇다면 문장 맨 앞에 나온 It은 당연히 가주어가 되겠지?

3) 목적어 역할: ~을, ~를

that이 문장 속에서 목적어 역할을 하는 절을 이끌 때는 생략되는 경우가 많아. 즉 다음 문장에서 that 이하의 절이 목적어인 셈이지.

- You should tell him (that) you don't love him.
  너는 그에게 네가 그를 사랑하지 않는다고 말해야 해.
- I think (that) I can master English with this book.
  나는 내가 이 책으로 영어를 정복할 수 있다고 생각한다.

before / after

before와 after는 시간 전치사 이야기할 때 나왔는데, 이것들은 '전치사'인 동시에 '접속사'이기도 하거든. 그래서 한번 더 다뤄줄까 해.

일단 before와 after가 전치사일 때 어떤 뜻이었는지 복습해볼까?

before: ~ 이전에 / after: ~ 이후에

Pop Quiz

※ **주어진 단어의 순서를 재배열해 빈칸에 알맞은 말을 써봅시다.**

1) We _____ will come back. (that, think, he)
2) The good news _____ don't have to go to school tomorrow.
   (we, that, is)

정답 1) think that he 2) is that we

- Please come to the office before 3 o'clock.

  3시 정각 이전에 사무실로 오세요.

- I will call you after lunch. 내가 점식 식사 후에 네게 전화할게.

다음은 before와 after가 접속사일 때의 예문들이야. 읽어보고 전치사로 쓰였을 때와 접속사로 쓰였을 때의 차이점을 찾아볼래? 밑줄 친 부분을 잘 보면 알 수 있어.

- Please come to the office before <u>the boss comes</u>.

  사장님이 도착하시기 전에 사무실로 오세요.

- I will call you after <u>I have lunch</u>.

  내가 점심을 먹은 이후에 네게 전화할게.

찾았니? 찾았을 거라 믿어. 정답은 다음과 같아.

1) 전치사일 때 → before / after + 명사(구)

2) 접속사일 때 → before / after + 주어 + 동사

그런데 계속 반복되는 이야기지만 접속사로 쓰이든, 전치사로 쓰이든 그걸 구분하는 건 크게 중요하지 않아. before는 '~이전에', after는 '~이후에'라는 것만 알면 끝!

피러쌤, 질문 있어요!

I think 다음에 that을 쓰는 사람들이 더 많나요?

아니면 생략하는 사람들이 더 많나요?

뭐 그건 사람마다 좀 다르긴 하겠지만 개인적인 경험으로는 영어를 사용하는 사람들은 보통 짧은 문장을 좋아하기 때문에 써도 되고 안 써도 된다면 안 쓰는 경우가 많아. 따라서 "I think that she loves me."라고 말하기보다는 "I think she loves me."라고 말하는 경우가 일반적이지. 또 다른 예로 UNIT 15에서 '사역동사' 설명할 때 이야기했던 help라는 동사가 쓰인 문장도 "I helped her to move the box."라고 말하기보다는 "I helped her move the box."라고 말하는 게 일반적이야. 복잡한 거보다는 짧은 게 좋으니까. 하지만 어디까지나 개인차가 있다는 것도 감안해주길!

가능성 정도 표현하기

Maybe they will get married soon.
아마도 그들은 곧 결혼할 거야.
It is possible that I will win it some day.
내가 언젠가 그것에 당첨될 가능성이 있다.

A: I bought the lottery ticket.

A: 나 복권을 샀어.

B: It's a waste of money.

B: 그건 돈 낭비잖아.

A: No. It is possible t_____ I will win it some day.

A: 아니야. 언젠간 그것에 당첨될 가능성이 있어.

B: The probability of winning it is 1/8,140,000. You will win it in one million years.

B: 그 확률이 814만분의 1이니까. 백 만년 안에는 당첨될 거야.

 Check

우리말 해석을 참고해 위 대화의 빈칸에 주어진 철자로 시작하는 말을 써봅시다.

정답 that

UNIT 31

접속사의 꽃!
if, whether, because, although

UNIT 31에서는 좀더 고급스러워 보이는 접속사들을 소개할까 해. 이것들을 사용할 수 있으면 여러분의 영어는 더 세련돼 보일 거야.

if

1) ~라면, ~한다면

if는 아주 짧은 단어지만 영어를 공부할 때 스트레스를 많이 주는 단어야. 지금은 간단해보이지만 14장에서 배울 '가정법'이라는 걸 본격적으로 배우면 쉽지 않다는 걸 알걸. 그렇다고 미리 겁먹을 필요는 없어. 차근차근 하나씩 해나가면 되니까 말이야.

　if는 '~라면' 혹은 '~한다면'으로 해석하는 접속사야.

- If it rains tomorrow, I won't go out.

  내일 비가 온다면 나는 외출하지 않을 거야.

- Please call me if you need help.

  도움이 필요하다면 내게 전화하세요.

2) ~인지(아닌지)(= whether)

if가 '~인지(아닌지)'라는 뜻으로 쓰일 때도 있어.

- I want to know if she loves me.

  나는 그녀가 나를 사랑하는지 알고 싶다.

- Please tell me if you are good at soccer.

  네가 축구를 잘하는지 내게 말해줘.

Pop Quiz

※ **다음 문장에서 if의 뜻을 골라봅시다.**

1) I don't know if he is coming to the party.

☐ ~라면 ☐ ~인지

2) You should save money if you want to buy a new smartphone.

☐ ~라면 ☐ ~인지

정답 1) ~인지 2) ~라면

266

whether: ~인지(아닌지)

whether는 if가 갖고 있는 2)번 뜻과 똑같은 의미를 갖고 있어. 그러니까 추가 설명은 생략할게!

• I want to know whether she loves me.
  나는 그녀가 나를 사랑하는지 알고 싶다.

- Please tell me whether you are good at soccer.

  네가 축구를 잘 하는지 내게 말해줘.

because

UNIT 29에서 so라는 접속사에 대해 배웠지? so는 '그래서'라는 뜻으로 그 앞에는 '원인'이 나오고, 뒤에는 '결과'가 나온다고 이야기했잖아.

I'm tired, so I want to go to bed. 나 피곤해서 자고 싶어.

because는 so와 반대라고 생각하면 돼. '~ 때문에'라는 뜻을 갖고 있고 그 앞에는 '결과'가 나오고, 뒤에는 '원인'이 나오지. 우리말로 해석해 보면 이해가 될 거야.

TIP

Because는 문장 맨 앞에 오는 걸 부끄러워 해!

when이나 if 같은 접속사로 시작하는 절이 문장의 앞에 와도 되고 뒤에 와도 상관없다는 이야기를 했는데 because도 역시 둘 다 가능하지만 문장의 뒤쪽에 쓰는 사람들이 훨씬 많아. 다음 예문에서 1)번보다는 2)번처럼 사용할 때가 많다는 이야기지.

1) Because I like Korean food, I often go to the Korean restaurant.
   나는 한국 음식을 좋아하기 때문에 종종 한국 식당에 간다.
2) I often go to the Korean restaurant because I like Korean food.
   나는 한국 음식을 좋아하기 때문에 종종 한국 식당에 간다.

I want to go to bed because I'm tired. 나는 피곤하기 때문에 자고 싶다.

1) because + 주어 + 동사: ~ 때문에

- Peter can't come today because he is sick.

  Peter는 아프기 때문에 오늘 올 수가 없어.

- Everyone loves Jenny because she is kind.

  Jenny가 친절해서 모두 그녀를 좋아한다.

2) because of + 명사(구) 혹은 대명사: ~ 때문에

because 다음에는 '주어 + 동사'가 오지만 because of가 되면 이야기가 달라져. '주어 + 동사'가 아닌 명사(구) 혹은 대명사가 와야 하거든. 예를 들면 다음과 같아.

I feel bad because the weather is bad.
                       (주어)   (동사)

날씨가 나쁘기 때문에 내 기분이 좋지 않다.

= I feel bad because of the bad weather.
                          (명사구)

나쁜 날씨 때문에 내 기분이 좋지 않다.

학교 시험에서 다음 Pop Quiz 같은 스타일의 문제를 종종 보게 될 거야. 이것만 기억해! 주어와 동사가 있으면 because, 없으면 because of를 쓴다는 사실!

Pop Quiz

※ 괄호 속에 들어갈 적절한 말을 골라봅시다.

1) I could finish the project (because, because of) you helped me.

2) I could finish the project (because, because of) your help.

정답 1) because 2) because of

although

although의 뜻은 다음과 같아.

> although: 비록 ~일지라도, 비록 ~이긴 하지만

- I didn't get an A although I studied hard.

  열심히 공부했지만 나는 A를 받지 못했다.

- They want to go out although it's cold.

  날씨가 추울지라도 그들은 외출하기를 원한다.

- Although he told me a lie, I still trust him.

  그가 내게 거짓말을 했을지라도 나는 여전히 그를 신뢰한다.

참고로 although에서 앞에 있는 'a'와 'l'을 빼도 뜻은 같아지기 때문에 although 대신 though를 써도 된다는 사실! 잊지마!

피러쌤, 질문 있어요!

접속사는 그럼 지금까지 배운 게 다인가요?

다는 아니지만 지금 여러분 상황에서는 여기까지만 알아도 충분해! 걱정할 필요가 전혀 없어. 혹시라도 더 알고 싶은 사람을 위해 딱 2개만 더 이야기해줄 테니까 이건 그냥 읽어보고 넘어가! 이 책을 2번, 3번 읽을 때는 더 쉬워질 거니까 걱정하지 말고!

while

1) ~하는 동안: I had a great time while I was in Canada.
  나는 캐나다에 있는 동안 즐거운 시간을 보냈다.
2) ~한 반면에: While Sam is good at math, his brother is not.
  Sam은 수학을 잘 하는 반면에 그의 남동생은 그렇지 않다.

since

1) ~ 이래로, ~ 이후로: I have been teaching English since I became a teacher.
  나는 교사가 된 이래로 영어를 가르치고 있다.
2) ~ 때문에(= because): I was scared since it was dark.
  어두웠기 때문에 나는 무서웠다.

10장 Practice 및 Review Test
저자의 블로그로 이동해보자

허가 여부 묻기

May(Can) I use your phone?
제가 당신의 전화를 써도 될까요?
Is it okay if I eat something in this museum?
제가 이 박물관에서 뭘 좀 먹어도 괜찮나요?
Do you mind if I take a picture here?
제가 여기에서 사진을 찍어도 될까요?

A: Is it okay _____ I eat something in this museum?

A: 제가 이 박물관에서 뭘 좀 먹어도 괜찮나요?

B: I'm sorry, but you can't eat anything here.

B: 죄송하지만 여기에서는 어떤 것도 먹을 수 없습니다.

A: Okay. Then do you mind _____ I take a picture here?

A: 알겠습니다. 그러면 제가 여기에서 사진을 찍어도 될까요?

B: No. You can take a picture here.

B: 네. 사진을 찍을 수 있습니다.

 Check

위 대화에서 빈칸에 공통으로 들어갈 말을 써봅시다.

정답 if

272

2문장을 하나로 합쳐주는 '관계사'

• 이번 장에서는 무엇을 배울까? •

지금까지 배웠던 내용들을 이용해서 영어 문장을 만들고 또 직접 말을 하다 보면 뭔가 2% 부족하다는 걸 느끼게 될 거야. 좀더 길게 말하고 싶을 때, 좀더 고급스럽게 말하고 싶을 때 필요한 게 바로 이번 장에서 배울 관계사라는 녀석이야. 아래 예문을 살펴볼까?

> 1) "나는 한 남자를 알고 있어." → I know a man.
> 2) "그는 불어를 할 수 있지." → He can speak French.
> 3) "나는 불어를 할 줄 아는 한 남자를 알고 있어."
>   → I know a man who can speak French.

어? 3)번 예문은 1), 2)번 예문의 2개 문장이 하나로 합쳐진 문장이지? 2개의 문장을 연결하고 있는 연결고리로 who라는 단어가 눈에 보일 거야. 바로 이 who처럼 2개의 문장을 연결해주는 단어들을 '관계사'라고 부르는데 이번 장에서 배울 거야.

관계사를 공부하면 어떤 점이 좋을까? 맞아. 여러분이 하고 싶은 말들을 좀더 길고 세밀하게 묘사할 수 있어.

TIP

수능 지문을 본 적 있니?

아직 수능을 말하긴 이른 나이지만 수능시험에 나오는 영어지문의 길이는 깜짝 놀랄 정도로 아주 길어. 문장이 긴 이유 중 하나가 바로 이 관계사라는 녀석 때문 이지. 그만큼 중요한 개념이니까 정신 똑바로 차리고 지금부터 하나씩 천천히 배 워나가자고!

문장의 연결고리!
관계대명사 I

관계사는 2개의 문장을 하나로 이어주는 연결고리 역할을 한다고 했지?
지금 설명하는 관계대명사도 관계사의 일종이라고 볼 수 있어.

일단 2개의 문장을 관계대명사로 연결해서 한 문장으로 쓰려면 각 문장 속에 공통되는 단어가 있어야 돼. 예를 들면 다음과 같은 것들이지.

1) I know the man. She is sitting on the bench.

나는 그 남자를 안다. 그녀는 벤치에 앉아 있다.

2) I know the man. He is sitting on the bench.

나는 그 남자를 안다. 그는 벤치에 앉아 있다.

1)번 예문의 2문장은 한 문장으로 합칠 수가 없어. 공통되는 말이 없기 때문이야. 하지만 2)번 예문의 2문장은 한 문장으로 합칠 수가 있지. the man과 He가 공통되는 단어이기 때문이야.

우리는 일반적으로 공통되는 단어 중 '선행사'라 불리는 앞 단어는 살려주고 뒤 단어는 없애버리지. 그 대신 관계대명사를 쓰는 거야.

그런데 여기에도 법칙이 있어. 관계대명사에도 여러 종류가 있거든.

첫째, '선행사가 사람이냐?'를 따져야 해.

둘째, '뒤 문장에서 버려진 녀석이 주어였는지, 소유격이었는지, 아니면 목적어였는지?'를 따져야 해.

- 주어였다면 → 주격 관계대명사
- 소유격이었다면 → 소유격 관계대명사
- 목적어였다면 → 목적격 관계대명사를 사용!

선행사	주격 관계대명사	소유격 관계대명사	목적격 관계대명사
사람 O	who 혹은 that	whose	who(m) 혹은 that
사람 X	which 혹은 that	whose	which 혹은 that

주격 관계대명사

표로 정리된 관계대명사를 빨리 외우는 게 좋을 거야. 그래야 편하거든. 일단 외웠다고 가정하고 설명할게. 아직 못 외운 사람들은 다음 표를 보면서, 외운 사람들은 살짝 가리고 설명을 읽으면 좋을 거 같아.

Pop Quiz

※ 다음 각 조건에 맞는 관계대명사를 써봅시다.

1) 선행사가 사람이고 뒤쪽 문장 속에서 없어진 단어가 주어였을 경우 → (   )

2) 선행사가 사람이고 뒤쪽 문장 속에서 없어진 단어가 목적어였을 경우 → (   )

3) 선행사가 사람이 아니고 뒤쪽 문장 속에서 없어진 단어가 주어였을 경우 → (   )

정답 1) who 혹은 that 2) who 혹은 whom 혹은 that 3) which 혹은 that

선행사	주격 관계대명사	소유격 관계대명사	목적격 관계대명사
사람 O	who	whose	who(m)
사람 X	which	whose	which

자, 다음 2개의 문장을 하나의 문장으로 합칠 거야. 어떤 관계대명사를 이용해야 할지 알아볼까?

I met a girl. + She is from Canada.

나는 한 소녀를 만났다. + 그녀는 캐나다 출신이다.

1) 공통 단어는? a girl(선행사)과 She

2) 선행사가 사람인가? a girl → 사람 O

3) 버려질 She의 문장 속 역할은? 주어(She) → 주격 관계대명사

278

1), 2), 3)을 정리하면 선행사가 사람이니까 who(주격), whose(소유격), who(m)(목적격) 중 하나를 사용해야 하는데 공통된 단어 중 뒤 문장에서 버려질 단어(She)가 주어이기 때문에 주격 관계대명사를 써야 하는 거야. 따라서 선행사가 사람일 때의 주격 관계대명사인 who를 She 대신 써서 2개의 문장을 하나로 합칠 수 있다는 결론을 낼 수 있지.

I met a girl who is from Canada.
나는 캐나다에서 온 소녀를 한 명 만났다.

다시 한번 말하면 she 대신 who가 쓰이고, who is from Canada는 a girl을 꾸며주는 관계대명사절이 되는 것이지. 예를 하나 더 들어볼까? 이번에는 선행사가 사람이 아니야.

Look at the bird. + It is singing in the tree.
저 새를 좀 봐. + 그것이 나무에서 노래를 부르고 있어.

1) 공통 단어는? the bird(선행사)와 It
2) 선행사가 사람인가? the bird → 사람 X
3) 버려질 It의 문장 속 역할은? 주어(It) → 주격 관계대명사

1), 2), 3)을 정리하면 선행사가 사람이 아니니까 which(주격), whose(소유격), which(목적격) 중 하나를 사용해야 하는데 공통된 단어 중 뒤 문장에서 버려질 단어(It)가 주어이기 때문에 주격 관계대명사로 써야 하는

거야. 따라서 선행사가 사람이 아닐 때의 주격 관계대명사인 which를 It 대신 써서 2개의 문장을 하나로 합칠 수 있지.

Look at the bird which is singing in the tree.
나무에서 노래하고 있는 저 새 좀 봐.

여기서 관계대명사절은 공통 단어 2개 중 살아남은 단어 바로 뒤에 위치해야 한다는 걸 꼭 기억해야 해. 2개의 문장을 합칠 때 관계대명사의 위치를 생각하지 않으면 다음과 같은 오류를 범할 수 있거든.

- The man is handsome. + He is talking on the phone.
  → The man is handsome who is talking on the phone. (×)

관계대명사절의 위치는 살아남은 The man 바로 뒤에 위치해야 하기 때문에 다음과 같이 써야 해.

The man who is talking on the phone is handsome. (○)
전화통화를 하고 있는 그 남자는 잘 생겼다.

소유격 관계대명사

whose는 관계형용사라고 부르는 사람들도 있는데 여기서는 그냥 관계대명사라고 할게.

선행사	주격 관계대명사	소유격 관계대명사	목적격 관계대명사
사람 O	who	whose	who(m)
사람 X	which	whose	which

자, 이번에도 2개의 문장을 하나의 문장으로 합칠 거야. 이번에는 어떤 관계대명사를 이용해야 할지 알아볼까?

Peter has a friend. + Her father is a famous actor.

Peter는 친구가 한 명 있다. + 그녀의 아버지는 유명한 배우시다.

1) 공통 단어는? a friend(선행사)와 Her

2) 선행사가 사람인가? a friend → 사람 O

3) 버려질 Her의 문장 속 역할은? 소유격(Her) → 소유격 관계대명사

1), 2), 3)을 정리하면 선행사가 사람이니까 who(주격), whose(소유격), who(m)(목적격) 중 하나를 사용해야 하는데 공통된 단어 중 뒤 문장에서 버려질 단어(Her)가 소유격이기 때문에 소유격 관계대명사로 써야 하는 거야. 따라서 선행사가 사람일 때의 소유격 관계대명사인 whose를 써서 2개의 문장을 하나로 합칠 수 있다는 결론을 낼 수 있어.

Peter has a friend whose father is a famous actor.

Peter는 유명 배우인 아버지를 둔 친구가 한 명 있다.

※ 다음 2개의 문장을 하나의 문장으로 완성해봅시다.

1) I know a man. He wants to become a firefighter.

→ I know a man _____ to become a firefighter.

2) I know a man. His dream is to become a firefighter.

→ I know a man _____ to become a firefighter.

정답 1) who wants 2) whose dream is

목적격 관계대명사

이번에는 목적격 관계대명사에 대해 알아볼까? 그리고 표 아래에 있는 2개의 문장이 합쳐지는 과정도 잘 보렴.

선행사	주격 관계대명사	소유격 관계대명사	목적격 관계대명사
사람 O	who	whose	who(m)
사람 X	which	whose	which

I will call the boy. + I met him on the street yesterday.

나는 그 소년에게 전화할 거야. + 나는 어제 길에서 그를 만났어.

1) 공통 단어는? the boy(선행사)와 him

2) 선행사가 사람인가? the boy → 사람 O

3) 버려질 him의 문장 속 역할은? 목적어(him) → 목적격 관계대명사

282

1), 2), 3)을 정리하면 선행사가 사람이니까 who(주격), whose(소유격), who(m)(목적격) 중 하나를 사용해야 하는데 공통된 단어 중 뒤 문장에서 버려질 단어(him)가 목적어이기 때문에 목적격 관계대명사로 써야 하는 거야. 따라서 선행사가 사람일 때의 목적격 관계대명사인 who 혹은 whom을 써서 2개의 문장을 하나로 합칠 수 있다는 거지.

I will call the boy (who(m)) I met on the street yesterday.
나는 어제 길에서 만났던 그 소년에게 전화할 거야.

주격 관계대명사 및 소유격 관계대명사와 달리 목적격 관계대명사는 문장 속에서 생략할 수 있어. 앞에서 한번 언급했듯이 영어에서는 써도 되고 안 써도 되는, 즉 생략이 가능한 경우에는 대부분 생략해서 짧게 말하는 게 일반적이야. 하나 더 해볼까?

The famous restaurant is right there. + I saw it on TV.
그 유명한 식당이 바로 저기에 있어. + 나는 그것을 TV에서 보았어.

1) 공통 단어는? The famous restaurant(선행사)와 it
2) 선행사가 사람인가? The famous restaurant → 사람 X
3) 버려질 it의 문장 속 역할은? 목적어(it) → 목적격 관계대명사

1), 2), 3)을 정리하면 선행사가 사람이 아니니까 which(주격), whose(소유격), which(목적격) 중 하나를 사용해야 하는데 공통된 단어 중 뒤 문

장에서 버려질 단어(it)가 목적어이기 때문에 목적격 관계대명사로 써야 하는 거야. 따라서 선행사가 사람이 아닐 때의 목적격 관계대명사인 which를 써서 2개의 문장을 하나로 합칠 수 있는 거지. 이때도 중요한 건 관계대명사절의 위치는 공통 단어 2개 중에서 살아남은 The famous restaurant 다음에 위치해야 한다는 사실이야!

The famous restaurant <u>which I saw on TV</u> is right there.
내가 TV에서 보았던 그 유명 식당이 바로 저기에 있어.

TIP

**선행사가 사람일 경우 목적격 관계대명사는
왜 who와 whom, 이렇게 2개인가?**

원래 who의 목적어는 whom이지만 현대영어에서 원어민들조차 whom이라고 말하는 걸 어색하게 느끼고 있어. 예를 들어서 "Whom did you invite?(너는 누구를 초대했니?)"라고 말하는 것 대신 "Who did you invite?"라고 말하기 시작한 거지. whom이 사용되는 빈도수가 점점 낮아지다 보니 관계대명사에서도 whom 대신 who를 쓰고 있는 건데, 결론은 둘 다 맞지만 현대영어에서 whom은 점점 사라져 간다고 알면 될 듯해.

TIP

만능열쇠 that

선행사	주격 관계대명사	소유격 관계대명사	목적격 관계대명사
사람 O	who 혹은 that	whose	who(m) 혹은 that
사람 X	which 혹은 that	whose	which 혹은 that

이 표를 보면 that이 4번 들어가 있는 걸 볼 수 있을 거야. 즉 관계대명사 who, whom, which 대신 that을 쓸 수 있다는 거지. 어떻게 보면 만능열쇠인 셈이야.

- Look at the bird which is singing in the tree.
 = Look at the bird that is singing in the tree.
- I will call the boy who(m) I met on the street yesterday.
 = I will call the boy that I met on the street yesterday.

피러쌤, 질문 있어요!

관계대명사 공부할 때 2개의 문장을 하나로 합치는 과정을 꼭 알아야 하나요?

쌤이 여러분 나이 때는 아주 중요했는데 요즘 교과서에서는 그 과정까지 복잡하게 설명하고 또 강조하지는 않아. 그냥 "I have a dog (   ) runs fast."에서 빈칸에 들어갈 말이 무엇인지 묻는 문제들이 대부분이기 때문에 학생들이 빈칸 앞에 있는 선행사가 사람이면 who, 사람이 아니면 which, 뭐 이런 식으로 공부하는 걸 많이 보았지. 하지만 우리 길게 보자! 여러분이 고3 때 대학을 가기 위해 볼 수능 영어의 지문에는 수많은 관계대명사들이 숨겨져 있어. 단순히 사람이면 who, 사람이 아니면 which, 이렇게 외우는 건 중학교 때만 효과를 볼 수 있는 단순한 방법이야. 여러분이 내가 지금까지 설명한 그 과정들을 이해하면 관계대명사가 쓰인 긴 문장들을 쉽게 해석하고 이해할 수 있을 거야. 다 경험담에서 하는 말이니 꼭 명심하도록! 오케이?

알고 있음 표현하기

I know a man who is from South Africa.
나는 남아프리카공화국에서 온 한 남자를 안다.
I heard that you're in love with Jenny.
나는 네가 Jenny와 사랑에 빠졌다고 들었어.

A: I'm going to travel to Africa this summer.

A: 나는 이번 여름에 아프리카로 여행을 갈 거야.

B: Sounds good.

B: 좋은데.

A: But I don't know anything about Africa, so I'm worried.

A: 그런데 내가 아프리카에 대해 아는 게 하나도 없어서 걱정이야.

B: I know a man which is from South Africa. Would you like to meet him?

B: 내가 남아공에서 온 남자를 알고 있는데, 만나볼래?

A: Oh, I'd love to.

A: 오, 그러고 싶어.

Check

위 대화에서 어법상 틀린 것을 찾아 바르게 고쳐봅시다.

정답 which → who

UNIT 33

문장의 연결고리!
관계대명사 II

지금까지 배웠던 영어 문법 중에서 아마 관계대명사가 제일 복잡하고 어려웠을 거야. 이번 UNIT에서는 UNIT 32에서 다 못했던 말들을 할까 해. 관계대명사 표를 한번 더 보자.

선행사	주격 관계대명사	소유격 관계대명사	목적격 관계대명사
사람 O	who 혹은 that	whose	who(m) 혹은 that
사람 X	which 혹은 that	whose	which 혹은 that

전치사 + 관계대명사

자, 앞에서 우리는 공통되는 단어가 있는 2개의 문장을 관계대명사를 이용해 하나로 합치는 연습을 했어. 그럼 다음 문장을 하나로 합쳐볼까?

This is the hospital. + I was born in the hospital.

이것이 그 병원이다. + 나는 그 병원에서 태어났다.

1) 공통 단어는? the hospital(선행사)과 the hospital

2) 선행사가 사람인가? the hospital → 사람 X

3) 버려질 the hospital의 문장 속 역할은? (전치사의) 목적어 → 목적격 관계대명사

1), 2), 3)을 정리하면 선행사가 사람이 아니니까 which(주격), whose(소유격), which(목적격) 중 하나를 사용해야 하는데, 공통된 단어 중 뒤 문장에서 버려질 단어(the hospital)가 (전치사의) 목적어이기 때문에 목적격 관계대명사로 써야 하는 거야. 따라서 선행사가 사람이 아닐 때의 목적격 관계대명사인 which 혹은 that을 써서 2개의 문장을 하나로 합칠 수 있다는 이야기지.

This is the hospital which I was born in.

= This is the hospital that I was born in.

= This is the hospital I was born in.

= This is the hospital in which I was born.

→ 뒤쪽에 남겨진 전치사는 관계대명사 앞으로 이동 가능

여기가 바로 내가 태어났던 병원이야.

여기서 여러분들은 한 가지 궁금한 점이 있을 거야. '위 예문들 중에서 원

어민들은 어떤 문장을 많이 쓸까?' 물론 개인차는 있겠지만 원어민들은 짧게 말하는 걸 좋아하기 때문에 "This is the hospital I was born in." 이라는 문장을 많이 쓴다고 봐야지.

관계대명사 앞에 콤마(,)

관계대명사 앞에 콤마(,)를 찍는 걸 관계대명사의 '계속적 용법'이라고 아직도 많은 문법책에서 말하고 있어. 쌤이 중학교 때 영어 선생님들은 다음과 같이 설명하셨지.

1) Julie has a son who became a doctor.
   Julie는 의사가 된 아들이 있다.
2) Julie has a son, who became a doctor.
   Julie는 아들이 한 명 있는데 그가 의사가 되었다.

1)에 나오는 Julie는 아들이 1명 이상 있을 수도 있고 아닐 수도 있는 반면, 2)에 나오는 Julie는 아들이 딱 1명 있다는 그런 차이라고 설명하셨어. 하지만 외국 문법책에서는 관계대명사 앞에 콤마(,)를 찍는 경우는 앞에 있는 선행사가 구체적인 이름을 나타내는 경우라고 정의하고 있어.

1) I met a man who teaches English in Sarang Middle School.
   나는 사랑중학교에서 영어를 가르치는 한 남자를 만났다.
2) I met Peter, who teaches English in Sarang Middle School.
   나는 Peter를 만났는데 그는 사랑중학교에서 영어를 가르친다.

2)에서는 앞에 있는 선행사가 Peter라는 구체적인 이름을 나타내니까 관계대명사 앞에 콤마(,)를 썼지. 만약 1)에서 who로 시작하는 관계대명사절을 빼면 어떻게 될까? "I met a man."만 남지? "나는 한 남자를 만났다." 관계대명사절을 빼면 a man이 어떤 사람인지에 대한 정보가 부족해서 의사소통에 방해가 될 정도야. 따라서 1)의 경우에는 관계대명사절이 꼭 있어야 해. 그런데 2)의 경우는 어떨까? who로 시작하는 관계대명사절을 빼볼까? "I met Peter."가 되지? "I met a man."에 비해서 "I met Peter."는 이 자체로도 충분히 의사전달을 하고 있어. 즉 2)에서는 관계대명사절이 없어도 의사소통에 방해가 될 만큼의 불편함은 없다는 거야.

1) I'll go to the tower which is in Paris.

   나는 파리에 있는 탑에 갈 거야.

2) I'll go to the Eiffel Tower, which is in Paris.

   나는 에펠탑에 갈 건데 그건 파리에 있다.

Pop Quiz

※ **다음 괄호 안에 콤마(,)가 필요하면 O, 필요하지 않으면 X를 선택해봅시다.**

   1) I know a man ( ) who has long hair. (O , X)
   2) I know James ( ) who has long hair. (O , X)

정답 1) X 2) O

290

여기에서도 1)에서는 which절이 반드시 필요하고, 2)에서는 없어도 큰 지장이 없다는 거 알 수 있겠지?

정리하면 선행사가 구체적인 이름을 갖고 있다면 콤마를 붙여주는 게 일반적이고, 그때 관계대명사절은 반드시 있어야 되는 게 아닌 일종의 옵션이라는 걸 기억하라고!

what: ~것

what은 관계대명사 that이 앞에 있는 선행사 the thing(s)와 합쳐진 형태로 쓰여. 우리말로 '~것'이라고 해석되지. 예를 들어줄게.

This is the thing. + I want to buy it.

이것이 그것이다. + 나는 그것을 사고 싶다.

1) 공통 단어는? the thing(선행사)과 it
2) 선행사가 사람인가? the thing → 사람 X
3) 버려질 it의 문장 속 역할은? 목적어(it) → 목적격 관계대명사

1), 2), 3)을 정리하면 선행사가 사람이 아니니까 which(주격), whose(소유격), which(목적격) 중 하나를 사용해야 하는데 공통된 단어 중 뒤 문장에서 버려질 단어(it)가 목적어이기 때문에 목적격 관계대명사로 써야 하는 거야. 따라서 선행사가 사람이 아닐 때의 목적격 관계대명사인 which 혹은 that을 써서 2개의 문장을 하나로 합칠 수 있다는 거지.

This is the thing that I want to buy.

= This is what I want to buy.

이게 바로 내가 사고 싶은 것이다.

선행사가 the thing일 때는 which보다 that을 쓰는 게 일반적이야. 물론 that 이하는 관계대명사절이 되지. 또한 the thing that 대신 what을 쓸 수도 있어.

이제부터 문장 속에서 what을 보면 의문사 what(무엇)만 생각하지 말고 관계대명사 what(~것)일 수도 있다는 걸 생각해야 해. 알겠지?

반복해주기

I said that Peter loves her.
나는 Peter가 그녀를 사랑한다고 말했어.
What I said was "walk" not "work."
내가 말했던 것은 "work"가 아니라 "walk"야.

A: Oh, I'm full now.

A: 오, 이제 배부르다.

B: Me, too. Why don't we walk for a while?

B: 나도. 우리 잠깐 걸을까?

A: Work? No. I'm going to relax today.

A: 일하자고? 싫어. 나는 오늘 쉴 거야.

B: No, no, no. W_____ I said was "walk" not "work."

B: 아니, 아니, 아니. 내가 말했던 것은 "work(일하다)"가 아니라 "walk(걷다)"야.

A: Aha.

A: 아하.

Check

우리말 해석을 참고해 위 대화의 빈칸에 주어진 철자로 시작하는 말을 써봅시다.

정답 What

UNIT 34

문장의 연결고리!
관계부사

관계사라고 부르는 녀석들 중 대표적인 게 관계대명사와 관계부사인데 앞에서 관계대명사라는 걸 먼저 배웠어. 지금부터 관계부사라는 걸 배워 보자.

먼저 다음 예문 2개를 보고 when과 where의 역할을 생각해볼래?

1) Today is the day when I was born. 오늘은 내가 태어났던 날이야.

2) This is the hospital where I used to work.
   이곳이 내가 예전에 일했던 병원이야.

1)과 2)에서 when과 where 같은 단어를 관계부사라고 하는데 when 은 '시간'을 나타내고, where는 '장소'를 나타내는 관계부사야.

294

선행사	관계부사
장소(the house, the place 등)	where
시간(the day, the time 등)	when
이유(the reason)	why

관계대명사와 마찬가지로 관계부사 또한 앞에 있는 선행사에 따라 각각 다른 종류를 사용하는데 선행사가 장소이면 where, 시간이면 when, 이유이면 why를 사용하지.

- Let's go to the restaurant where we had dinner last week.
  지난주에 우리가 저녁을 먹었던 식당으로 가자.
- Sunday is the day when people usually relax.
  일요일은 사람들이 보통 휴식을 취하는 날이다.
- This is the reason why I don't like him.
  이게 바로 내가 그를 좋아하지 않는 이유이다.

Pop Quiz

where

관계부사 중에서 가장 많이 사용하는 where에 대해 알아볼까?

    This is the hospital. I was born in the hospital.

    → This is the hospital (which) I was born in.

    = This is the hospital in which I was born.

        이곳은 내가 태어났던 병원이다.

기억나니? 목적격 관계대명사는 생략이 가능하다는 사실, 또한 문장 끝에 있는 전치사는 관계대명사 앞으로 보낼 수 있다는 사실! 여기까지가 앞에서 배웠던 내용인데 여기에 한 문장이 추가되는 거야.

    = This is <u>the hospital</u> where I was born. (선행사가 장소)

                    where = in(on, at) which

선행사(the hospital)가 장소이기 때문에 in which 대신 관계부사 where를 쓸 수 있다는 말이지. 또 다른 예를 들어볼까? 'This is the bench. I was sitting on the bench.' 이 2개의 문장을 합치면 다음과 같아.

    → This is the bench (which) I was sitting on.

    = This is the bench on which I was sitting.

    = This is the bench where I was sitting. (where: 관계부사)

        이것이 내가 앉아있던 벤치다.

296

when

when은 의문사로 '언제'라는 뜻으로, 접속사로서는 '~할 때'라는 뜻으로 사용한다고 배웠잖아. 즉 '시간'과 관련이 있지. 여기에서도 마찬가지야. 선행사가 시간을 나타낼 때 사용할 수 있는 관계부사로 쓰이지.

- I remember the day when we went camping together.
  나는 우리가 함께 캠핑 갔던 날을 기억한다.
- October is the month when Peter was born.
  10월은 Peter가 태어난 달이다.

예문에서 보다시피 선행사가 the day, the month처럼 시간을 나타낼 때 관계부사 when을 써서 문장을 이어갈 수 있어. 지금까지 where와 when에 대해 살펴보았는데 혹시라도 이 개념들이 어렵게 느껴진다면 장소를 나타낼 땐 where, 시간을 나타낼 땐 when, 이렇게만 일단 외워둬.

why

why는 알다시피 '왜'라는 뜻을 갖고 있잖아. 그래서 why는 관계부사로서도 선행사가 '이유'에 대해 나타낼 때 사용하는 말이야.

- Do you know the reason why she is angry?
  너는 그녀가 화가 난 이유를 알고 있니?

• That's <u>the reason</u> why I love Carrie.

그게 바로 내가 Carrie를 사랑하는 이유야.

앞에서 배웠던 관계부사 where의 경우 선행사로 쓰일 수 있는 게 상당히 많아. 장소를 나타내는 말이 많으니까. when의 경우도 선행사로 쓰일 수 있는 게 몇 개 있지. 그런데 why는 선행사로 쓰일 수 있는 게 (the) reason밖에 없어.

Pop Quiz

※ 다음 빈칸에 들어갈 적절한 관계부사를 써봅시다.

1) I remember the day _____ my best friend left.
2) The supermarket _____ I bought the snacks is near here.

정답 1) when 2) where

피러쌤, 질문 있어요!

관계부사 중에 제일 중요한 게 어떤 거죠?

중요하다는 게 빈도수, 즉 사람들이 많이 사용하는 걸 이야기하는 거라면 당연히 where가 제일 중요하다고 할 수 있어.

헷갈리는 문제도 종종 출제되는데 한번 풀어볼래? 자신 있지?

(문제 1) 다음 빈칸에 들어갈 말을 써봅시다.

This is the store _____ I met Suji in. 이곳이 내가 수지를 만났던 그 상점이다.

답은 which야. 왜냐하면 이 문장은 원래 "This is the store. I met Suji in the store."인데 이 2개의 문장을 한 문장으로 합치면 다음과 같거든.

→ This is the store which I met Suji in.
= This is the store in which I met Suji.
= This is the store where I met Suji.

그럼 다시 위로 올라가서 문제를 살펴볼까? Suji 다음에 in이 있는 게 보이지? 그러니까 빈칸에는 where가 아닌 which를 써야 하는 거지.

(문제 2) 다음 빈칸에 들어갈 말을 써봅시다. ★★★

This is the store _____ I bought. 이것이 내가 구입한 그 상점이다.

답은 which야. 왜냐하면 이 문장은 원래 "This is the store."와 "I bought the store." 이렇게 2개의 문장이었는데 "This is the store which I bought."가 된 거지. 즉 여기엔 전치사가 없어. 그러니까 where를 쓸 수 없는 문장인 거지. 기억해? where는 in(at, on) + which 대신 쓸 수 있는 거라고 했잖아.

11장 Practice 및 Review Test
저자의 블로그로 이동해보자

의무 부인하기

I don't have to go to school tomorrow.
나는 내일 학교에 갈 필요가 없다.
I don't need to clean the classroom today.
나는 오늘 교실을 청소할 필요 없다.
There's no reason why I should say sorry to you.
내가 너에게 사과해야 할 이유는 없어.

Baby 1: Why don't you say sorry to me?

아기 1: 너 나한테 미안하다고 하지 그러니?

Baby 2: How come? There's no reason w____ I should say
　　　　sorry to you.

아기 2: 어째서? 내가 너에게 사과해야 할 이유는 없어.

Baby 1: But you're playing with my toy car.

아기 1: 하지만 너는 내 장난감 자동차를 갖고 놀고 있잖아.

Baby 2: Oh, is this yours? I'm sorry.

아기 2: 오, 이게 네 것이니? 미안해.

Check

우리말 해석을 참고해 위 대화의 빈칸에 주어진 철자로 시작하는 말을 써봅시다.

정답 why

300

영어 문장의 또 다른 4총사,
'부가의문문' '간접의문문'
'명령문' '감탄문'

문장의 종류는 셀 수 없이 많아. 지금까지 배운 것만 해도 여럿 있었지. 긍정문, 부정문, 의문문 등등. 이번 장에서는 추가로 4가지 종류의 문장에 대해 배울 건데 바로 부가의문문, 간접의문문, 명령문, 감탄문이 그 주인공이야.

부가의문문과 간접의문문은 둘 다 의문문에 속해. 지금까지 앞에서 배웠던 의문문은 이런 식이었잖아. "Are you hungry? 너 배고프니?" 그런데 부가의문문과 간접의문문은 살짝 다른 스타일의 의문문이야.

1) You are hungry, aren't you? 너 배고프구나, 그렇지 않니?

2) Can you tell me if you are hungry?

  너 배가 고픈지 (안 고픈지) 내게 말해줄 수 있니?

1)번 문장처럼 처음에는 의문문처럼 안 보이다가 갑자기 끝에서 의문문이 되는 문장을 부가의문문이라고 하고, 2)번 문장처럼 직접적으로 "Are you hungry?"라고 묻지 않고 살짝 돌려서 간접적으로 물어보는 의문문을 간접의문문이라고 하지.

또 이번 장에서는 명령문과 감탄문이라는 문장 유형도 배울 건데 다음 예문을 한번 보자.

1) Be quiet. 조용히 해.
2) How beautiful! 정말 아름답구나!

1)번 문장처럼 동사원형으로 시작해서 무언가를 시키는 문장을 명령문이라고 하고 2)번 문장처럼 How나 What으로 시작해서 느낌표(!)로 끝나는 문장을 감탄문이라고 하는데 지금부터 차근차근 한번 배워보자고! Are you ready? Let's go!

의문문 같지 않은 의문문!
부가의문문

부가(附加)라는 말을 국어사전에 찾아보면 '주된 것에 덧붙임'이라는 뜻
이 있다는 걸 알 수 있을 거야. 즉 부가한다는 건 무언가를 덧붙인다는 걸
의미하는데 이것만 알아도 부가의문문의 반은 이해한 거나 다름없어.

앞에서 배웠던 일반적인 의문문은 문장 첫 단어만 봐도 의문문이라는
걸 알 수 있었지.

Can ~?   Are ~?   Do ~?   Does ~? 등

그런데 부가의문문은 달라. 처음엔 이게 의문문인지 아닌지 알 수가 없
거든. 문장의 끝에 가서야 의문문임을 알 수 있는 거야.

You know Jason, don't you? 너 Jason을 알고 있지, 그렇지 않니?

자, 그럼 여러분에게 한 가지 테스트를 해볼게. 다음 문장들을 살펴보면 끝에 모두 부가의문문이 쓰였거든! 잘 보면 어떤 공식을 찾을 수 있을 거야. 어떤 건지 한번 찾아볼래?

- Greg is from Canada, isn't he?
- Your parents are not teachers, are they?
- He likes apples, doesn't he?
- Suji didn't go to the party yesterday, did she?
- You can speak English, can't you?

Pop Quiz

※ **다음 부가의문문 공식을 완성해봅시다.**

1) be동사, 조동사가 쓰였다면 부가의문문에도 똑같이 be동사, 조동사를 쓴다.
2) 일반동사가 쓰였다면 부가의문문에는 do, _____, 혹은 _____를 쓴다.
3) 긍정문이면 부가의문문은 _____으로, 부정문이면 부가의문문은 긍정으로!
4) 주어에 맞는 _____대명사(he, she, they…)를 끝에 써주면 끝!

정답 2) does, did 3) 부정 4) 인칭

be동사 문장

be동사가 있는 문장의 경우 부가의문문에도 똑같은 be동사를 써야 해. 다만 위의 pop quiz에서 풀어본 공식과 같이 be동사가 긍정문으로 쓰였다면 부가의문문은 부정으로 만들어주고, 부정문으로 쓰였다면 부가의문문은 긍정으로 만들어준다는 사실만 잘 기억하면 돼.

- Peter is handsome, isn't he? Peter는 잘 생겼어, 그렇지 않니?

- Peter was handsome, wasn't he?
  Peter는 잘 생겼었어, 그렇지 않니?

- Peter is not handsome, is he? Peter는 잘 생기지 않았어, 그렇지?

- Peter was not handsome, was he?
  Peter는 잘 생기지 않았었어, 그렇지?

조동사 문장

다음은 조동사가 쓰인 문장을 살펴볼까? 앞에서 설명했듯이 조동사가 사용된 문장의 부가의문문은 be동사가 쓰였을 때와 똑같다고 보면 돼.

- Jihye can speak English, can't she?
  지혜는 영어를 말할 수 있어, 그렇지 않니?

- Jihye can't speak English, can she?
  지혜는 영어를 말할 수 없어, 그렇지?

일반동사 문장

일반동사가 쓰인 문장의 경우 좀 복잡하니까 잘 들어야 해. 일반동사가 쓰였을 경우 주어의 인칭과 동사의 시제에 따라서 부가의문문은 do, does, did를 이용해야 하는데 다음 예문들을 한번 볼까?

- They like chocolate, don't they?

  그들은 초콜릿을 좋아해, 그렇지 않니?

  → 앞쪽이 일반동사고 긍정으로 쓰였으며 현재시제니까 부가의문문에는 현재시제면서 부정인 don't, doesn't 중 하나를 사용해야 해. 그런데 주어가 they, 즉 3인칭 단수가 아니기 때문에 don't를 사용해야지.

- He likes chocolate, doesn't he? 그는 초콜릿을 좋아해, 그렇지 않니?

  → 앞쪽이 일반동사고 긍정으로 쓰였으며 현재시제니까 부가의문문에는 현재시제면서 부정인 don't, doesn't 중 하나를 사용해야 해. 그런데 주어가 he, 즉 3인칭 단수이기 때문에 doesn't를 사용해야지.

- They don't like chocolate, do they?

  그들은 초콜릿을 좋아하지 않아, 그렇지?

  → 앞쪽이 일반동사고 부정으로 쓰였으며 현재시제니까 부가의문문에는 현재시제면서 긍정인 do, does 중 하나를 사용해야 해. 그런데 주어가 they, 즉 3인칭 단수가 아니기 때문에 do를 사용해야지.

- He doesn't like chocolate, does he?

  그는 초콜릿을 좋아하지 않아, 그렇지?

  → 앞쪽이 일반동사고 부정으로 쓰였으며 현재시제니까 부가의문문에는 현재시제면서 긍정인 do, does 중 하나를 사용해야 해. 그런데 주어가 he, 즉 3인칭 단수이기 때문에 does를 사용해야지.

- They liked chocolate, didn't they?

  그들은 초콜릿을 좋아했어, 그렇지 않니?

  → 앞쪽이 일반동사고 긍정으로 쓰였으며 과거시제니까 부가의문문에는 과거시제면서 부정인 didn't를 사용해야 해.

- He didn't like chocolate, did he?

  그는 초콜릿을 좋아하지 않았어, 그렇지?

  → 앞쪽이 일반동사고 부정으로 쓰였으며 과거시제니까 부가의문문에는 과거시제면서 긍정인 did를 사용해야 해.

지금까지 be동사 문장, 조동사 문장, 일반동사 문장의 부가의문문에 대해 살펴보았는데 여기서 주의할 점이 하나 있어. 부가의문문의 부정은 항상 '축약형'으로 쓴다는 거 잊지 마!

Pop Quiz

※ 다음 부가의문문을 완성해봅시다.

1) You were sick last night, _____ _____?
2) Wendy can't play the piano, _____ _____?

정답 1) weren't you 2) can she

피러쌤, 질문 있어요!

부가의문문은 왜 사용하는 건가요?

사람들은 다음 2가지 이유 때문에 부가의문문을 사용해.

1) 사실을 확인하기 위해: 어떤 것이 사실인지 확실하게 알고싶을 때 사용하는데 이때는 일반적으로 끝을 올려서 읽어.

Peter is from Canada, isn't he?

→ 말하는 사람도 Peter가 캐나다에서 왔는지 100% 확실하게는 알지 못하는 상태

2) 상대방에게 동의를 구하기 위해: 어떤 것을 이미 알고 있지만 혹시나 하고 돌다리도 두드려보는 심정으로 상대방에게 슬쩍 물어볼 때 사용하는데 이때는 일반적으로 끝을 내려서 읽어.

Peter is from Canada, isn't he?

→ 말하는 사람은 Peter가 캐나다에서 왔는지 이미 알고 있는데, 혹시나 해서 물어보고 있음

확인 요청하기

Are you sure? 너 확실해?

He lives in Seoul, doesn't he? 그는 서울에 살아, 그렇지 않니?

A: Isn't he your new classmate?

A: 그가 네 새로 온 학급친구 아니니?

B: Yes. His name is Peter.

B: 응, 맞아. 그의 이름은 Peter야.

A: He seems to be a nice guy.

A: 그는 착한 남자 같은데.

B: He is. We like him very much.

B: 맞아. 우리는 그를 아주 좋아해.

A: He lives in Seoul, _____ he?

A: 그는 서울에 살지, 그렇지 않니?

B: No. He lives in Bucheon.

B: 아니. 그는 부천에 살아.

Check

위 대화의 빈칸에 알맞은 말을 써봅시다.

정답 doesn't

간접적으로 물어본다!
간접의문문

다음은 똑같은 상황에서 물어보는 2가지 형태의 질문을 나열한 거야. 어떤 게 좀더 공손해보일까?

1) What time is it? 몇 시에요?

2) Can you tell me what time it is?
   혹시 몇 시인지 말씀해 주실 수 있나요?

1)보다 2)가 좀더 공손해보이지? 맞아. 1)이 좀더 직접적이었다면 2)는 살짝 간접적으로 물어보는 건데 이런 걸 간접의문문이라고 하는 거야.

직접의문문이 다른 문장의 일부분(주로 목적어)으로 쏙 들어가는 형태가 되었을 때 이를 간접의문문이라고 하는 거지. 좀더 쉽게 말하자면 다음 예문을 한번 볼까?

Where is she from? (직접의문문) 그녀는 어디 출신이니?

→ Do you know where she is from? (간접의문문)

　너 그녀가 어디 출신인지 아니?

　이런 간접의문문은 의문문이 의문사로 시작하느냐 아니냐에 따라 2가
지로 나누어서 생각해보아야 하는데 지금부터 그것에 대해 구체적으로
설명해줄게.

의문사가 있을 때

의문사(when, where, who, what, how, why)가 있는 의문문을 간접의문문
으로 바꿀 때 다음 공식을 잘 기억해 둬.

의문사 + 주어 + 동사

Pop Quiz

※ **다음 밑줄 친 부분이 직접의문문인지 간접의문문인지 ✓ 표시해봅시다.**

　1) Why did he go to Canada?　　　　　　직접의문문 ☐　간접의문문 ☐
　2) Do you know why he went to Canada?　직접의문문 ☐　간접의문문 ☐

정답 1) 직접의문문　2) 간접의문문

자, 그럼 이 공식에 맞게 다음 예문을 간접의문문으로 바꿔볼까?

Where are you from? 당신은 어디 출신인가요?

→ Can you tell me _____?

빈칸에 들어갈 말은 '의문사 + 주어 + 동사'라고 했잖아. 그러니까 의문사가 있는 의문문에서 의문사가 뭔지, 주어가 뭔지, 동사가 뭔지만 알면 수학 공식처럼 딱 대입할 수 있는 거지.

Where are you from? 당신은 어디 출신인가요?
　의문사　동사　주어

→ Can you tell me where you are from?
　　　　　　　　　　　 의문사　주어　동사

당신이 어디 출신인지 제게 말해줄 수 있나요?

어렵지 않지? 그럼 또 다른 예문을 살펴볼까? 이번에는 일반동사가 들어가는 문장인데 주의해야 할 게 있으니까 눈 똑바로 뜨고 잘 봐야 돼.

• Where does he live? 그는 어디에 사니?
　의문사　동사　주어

→ Do you know where he does live?
　　　　　　　　　　 의문사　주어　동사

→ Do you know where he lives? (does live → lives)

너는 그가 어디에 사는지 아니?

• Where did he live? 그가 어디에 살았니?

　의문사　동사　주어

→ Do you know where he did live?

　　　　　　　　의문사　주어 동사

→ Do you know where he lived? (did live → lived)

너는 그가 어디에 살았는지 아니?

여기서 주의할 점은 위에서 does live와 did live는 각각 'lives'와 'lived'로 바꿔 준다는 거야.

의문사가 없을 때

의문사가 없는 의문문을 간접의문문으로 바꿀 때는 다음과 같은 공식을 사용해. 그리고 해석은 '~인지 아닌지'로 하지.

Pop Quiz

※ 다음 문장을 이용해서 간접의문문을 완성해봅시다.

1) Who is he? → Do you know _____?
2) What did you buy? → Can you tell me _____?

정답 1) who he is 2) what you bought

314

if(혹은whether) + 주어 + 동사

<u>Is he</u> a doctor? 그가 의사니?
동사 주어

→ Do you know *if* <u>he is</u> a doctor?
　　　　　　　　주어 동사

너는 그가 의사인지 아닌지 아니?

이번에는 일반동사가 들어가는 문장인데 이번에도 주의해야 할 것이 있으니까 눈을 부릅뜨고 봐야 해.

• <u>Does he</u> have breakfast? 그는 아침을 먹니?
　동사　주어

→ Do you know *if* <u>he does</u> have breakfast?
　　　　　　　　　주어 동사

→ Do you know *if* he has breakfast? (does have → has)
　　너는 그가 아침을 먹는지 안 먹는지 아니?

• <u>Did he</u> have breakfast? 그가 아침을 먹었니?
　동사 주어

→ Do you know *if* <u>he did</u> have breakfast?
　　　　　　　　주어 동사

→ Do you know if he had breakfast? (did have → had)

너는 그가 아침을 먹었는지 안 먹었는지 아니?

여기서도 마찬가지로 does have와 did have를 각각 'has'와 'had'로 바꿀 수 있어야 해.

TIP

if와 whether

UNIT 31에서 접속사 if와 whether에 대해 배웠지? if는 기본적으로 '~라면'이라는 가정의 뜻이 있지만 두 번째 뜻으로 '~인지'라는 뜻이 있고, 이 뜻일 때 whether로 바꾸어 쓸 수 있다고 했는데 기억하지?

피러쌤, 질문 있어요!

간접의문문은 왜 쓰는 건가요?

여러 가지 이유 중 한 가지는 더 공손하게 예의를 갖춰서 말하기 위해서야. 영어에는 존댓말이 없지만 그렇다고 예의까지 없는 건 아니거든. 사람이 사는 곳은 다 똑같아. 사회생활을 하면서 상대방에게 예의를 갖추는 건 기본 상식이잖아. 앞에서 한번 언급한 적이 있는데 일반적으로 영어는 말이 길어질수록 예의바른 표현이라고 했잖아. 간접의문문도 똑같아. 직접의문문보다 좀더 길어지면서 공손한 표현이 되는 거지.

Who are you? 너 누구야?

Can you tell me who you are? 당신이 누군지 제게 말씀해주시겠습니까?

이해 점검하기

Do you understand?

너 이해되니?

Do you know what I mean?

내가 뭘 의미하는지 아니?

Is everything clear now?

모든 게 이제 명확하니?

A: Saranghaeyo! Do you know _____(I, what, mean)?

A: 사랑해요! 내가 뭘 의미하는지 아나요?

B: Sorry, but no. What do you mean?

B: 미안하지만 모르겠어요. 뭘 의미하나요?

A: Saranghaeyo means I love you.

A: '사랑해요'는 내가 당신을 사랑한다는 뜻이에요.

B: Oh, okay. Could you repeat it?

B: 오, 알겠어요. 다시 한 번 말해줄래요?

A: Saranghaeyo.

A: 사랑해요.

Check

괄호 안 주어진 단어의 순서를 재배열해 위 대화의 빈칸에 알맞은 말을 써봅시다.

정답 what I mean

UNIT 37

명령하고 감탄하는 문장!
명령문, 감탄문

명령문? 감탄문? 말만 들어도 뭔지 감이 팍 오지? 명령문은 명령하는 문장이고, 감탄문은 감탄하는 문장이지.

> Sam: Look at the sky. 하늘 좀 봐.
>
> Sam의 여자친구: What a beautiful sky! 정말 아름다운 하늘이다!

위 짧은 대화에서 Sam은 여자친구에게 하늘을 보라고 말하고, 여자친구는 하늘을 보면서 맑고 아름다운 모습에 감탄하고 있어.

여기서 Sam이 한 말은 명령문에 해당하고, Sam의 여자친구가 한 말은 감탄문에 해당해. 살짝만 살펴보면 명령문은 동사원형으로 시작한다는 걸 알 수 있고, 감탄문은 What으로 시작해서 느낌표(!)로 끝난다는 걸 확인할 수 있을 거야. 명령문과 감탄문의 예를 몇 개 더 보여줄 테니까 규칙을 좀더 구체적으로 찾아볼래?

(명령문) Be careful. 조심해.

Help your friends. 네 친구들을 도와줘.

(감탄문) How delicious it is! 그거 참 맛있구나!

What a cute baby he is! 그는 정말 귀여운 아이구나!

명령문

명령문은 정말 간단해. 동사원형으로 시작하면 명령문이지. 즉 상대방에게 무언가를 시키는 뜻을 갖고 있는 문장이야.

동사원형 + ~.: ~해라

- Do your best. 최선을 다 해라.
- Be quiet. 조용히 해.
- Study hard. 열심히 공부해라.
- Practice it every day. 매일 그것을 연습해.

부정명령문

부정명령문 또한 일종의 명령문으로 '~하지 마라'라는 뜻을 갖고 있어. 부정명령문은 맨 앞에 Don't만 붙이면 되지.

Don't + 동사원형 + ~.: ~하지 마라

- Don't be noisy. 시끄럽게 하지 마.
- Don't go to bed late. 늦게 잠자리에 들지 마.
- Don't play computer games. 컴퓨터 게임을 하지 마.
- Don't use my computer. 내 컴퓨터를 사용하지 마.

※ 괄호 속에서 적절한 말을 골라봅시다.

1) (Wash / Washes) your hands before lunch.
2) (Not / Don't) be afraid. You can do it.

정답 1) Wash 2) Don't

TIP

명령문을 좀더 공손하게 만들어주는 please

명령문은 일반적으로는 please를 붙여서 사용하는 게 좋아. 명령문의 앞이나 뒤에 붙여서 사용할 수 있지.

- Be quiet. 조용히 해.
  → Please be quiet(Be quiet, please.). 조용히 해주세요.
- Don't use my bicycle. 내 자전거를 사용하지 마.
  → Please don't use my bicycle(Don't use my bicycle, please.).
    제 자전거를 사용하지 말아주세요.

320

감탄문

영어의 감탄문에는 크게 2가지 종류가 있는데 공식으로 나타내자면 다음과 같아.

1) How + 형용사/부사(+ 주어 + 동사)!

How로 시작하는 감탄문은 위와 같이 쓸 수 있는데 주어와 동사는 생략할 수 있어

• How beautiful she is! 그녀는 정말 아름답구나!

• How fast the dog runs! 그 개가 정말 빨리 달리는구나!

• How interesting! 정말 흥미롭구나!

2) What + a/an + 형용사 + 명사(+ 주어 + 동사)!

What으로 시작하는 감탄문은 조금 더 길게 쓰는 게 특징인데 이때도 주어와 동사는 생략할 수 있어.

• What a beautiful girl she is! 그녀는 정말 아름다운 소녀구나!

• What a fast dog it is! 그건 정말 빠른 개이구나!

• What an interesting story! 정말 흥미로운 이야기구나!

참고로 '멋지다'라는 말을 쓸 때 사용할 수 있는 다양한 형용사들을 소개할게. 'great(대단한, 멋진)' 'fantastic(환상적인, 엄청난)' 'excellent(훌륭한)' 'awesome(기막히게 좋은)' 'brilliant(아주 멋진, 뛰어난)' 등이 그것이야.

피러쌤, 질문 있어요!

어떤 것에 대해 감탄할 때는 꼭 How나 What으로 시작하는 감탄문을 써야 하나요?

아니. 꼭 그렇지는 않아. 일상생활에서 어떤 것에 대해 감탄을 할 때 그냥, "Wow!" "Great!" "Awesome!" 뭐 이렇게 이야기하는 경우도 많이 있거든. 감탄문을 사용하든 그냥 간단한 형용사만으로 표현하든 개인적인 선택에 따라 원하는 대로 말하면 돼.

12장 Practice 및 Review Test
저자의 블로그로 이동해보자

상기시켜주기

Remember to **bring rice and gimchi.**
쌀이랑 김치 가져오는 거 기억해.
Remind me to **call my mom.**
우리 엄마한테 전화 드리라고 내게 말해줘.
Don't forget to **do your homework.**
숙제하는 것을 잊지 마.

A: Finally, we're going camping tomorrow.

A: 마침내 우리 내일 캠핑을 가는구나.

B: Yes. I'm so excited.

B: 응. 나 아주 신나.

A: Remember to bring rice and gimchi.

A: 쌀이랑 김치 가져오는 거 기억해.

B: I will. Don't forget to bring a tent.

B: 그럴게. 너는 텐트를 가져오는 거 잊지 마.

A: Sure. _____ worry.

A: 그럼. 걱정하지 마.

Check

빈칸에 들어갈 말을 대화에서 찾아 써봅시다.

정답 Don't

13장

타인에 의해 뭔가를 하게 된다면, '수동태'

수동태를 말하기 전에 레슬링 이야기 좀 할게. 레슬링에서 2명의 선수가 서로 경쟁하다가 둘 중 한 선수가 소극적이고 수동적인 경기를 펼치면 심판은 경기를 중단시키고 passif라는 벌칙을 주는데, passif 벌칙을 받은 사람은 바닥에 손과 무릎을 댄 par terre(일명 '빠테르') 자세를 취해서 능동적이고 공격적인 경기를 한 상대방 선수에게 좀더 유리한 포지션을 제공해주는 거지.

이때 passif라는 말은 불어(프랑스어)인데 영어로는 passive라고 해.

passive: 수동적인, 소극적인(↔ active)

즉 passive는 '수동적인'이라는 뜻의 영어 단어야. active(능동적인)의 반대말이지. 우리가 이번 장에서 배울 수동태라는 문법이 영어로 passive라서 그 개념을 설명하기 위해 레슬링 이야기로 시작해보았어.

자, 그럼 새로운 개념에 대해 도전해볼까?

어떤 행동을 당할 때 쓰는 표현!
수동태

UNIT 18에서 완료시제에 대해 배울 때 나왔던 개념 중에 하나가 바로 과거분사(p.p.)라는 녀석이었지? 아직 많이 못 외웠을 수도 있는데, 완료 시제와 수동태를 공부하기 위해서 반드시 알아야 하는 것들이기 때문에 수시로 외워놓는 게 좋을 거야. 책 뒷부분에 있는 부록 '불규칙동사표' 를 참고해. 거기에 각 동사의 기본형, 과거, 과거분사를 모두 정리해놓았 으니까. 앞에서 살펴보았듯이 수동태는 문장의 주어가 어떤 일을 능동적 으로 한다는 뜻이 아니라 수동적으로 당한다는 느낌을 주는 경우가 많아.

다음 그림에서 여자는 의자를 만들었고, 의자 입장에서는 여자에 의해 만들어졌어. 어떤 행동을 직접 한 행위자가 주어가 되면 능동태 문장(능 동문)이라고 하고, 반대로 주어가 어떤 행동을 당하는 문장이 되면 수동 태 문장(수동문)이라고 하는 거야.

(능동문) She made the chair. 그녀가 그 의자를 만들었다.

(수동문) The chair was made by her.

그 의자는 그녀에 의해 만들어졌다.

위 예문의 첫 번째 문장은 능동태 문장으로써 주어진 She가 의자 만드는 행동을 직접 했다는 것을 나타내. 반면 두 번째 문장은 수동태 문장으로써 주어인 The chair가 그녀에 의해 만들어졌다는 것을 나타내지. 수동태 문장의 구조 및 주의할 점 등에 대해 지금부터 구체적으로 알려줄게.

※ **다음 문장이 능동태 문장인지 수동태 문장인지 ✓ 표시해봅시다.**

1) Paul played the guitar.　　　능동태☐ 수동태☐
2) The guitar was played by Paul.　능동태☐ 수동태☐

정답 1) 능동태 2) 수동태

수동태 공식

수동태 문장은 다음과 같이 만들 수 있어.

주어 + be동사 + 과거분사(p.p.) + by + 행위자(목적격)

be동사는 시제에 따라 현재(am / is / are), 과거(was / were), 미래(will be), 현재진행(am[is / are] being), 현재완료(have [has] been) 등으로 바뀔 수 있어. 예를 들어 다음 문장을 보자.

He cleans his room. 그는 그의 방을 청소한다. (능동태)
주어(행위자) 동사　　목적어

His room is cleaned by him. 그의 방은 그에 의해 청소된다. (수동태)
　　주어　　be동사+p.p.　by+행위자

3단계로 이해하면 다음과 같아.

330

1단계: 능동태 문장의 목적어를 주어로 이동한다.

2단계: 능동태 문장의 시제를 파악한 후 거기에 맞는 be동사와 과거분사

(p.p.)를 써 준다.

→ 위 예시의 경우 현재시제(cleans)이기 때문에 be동사도 현재시제 is로 써 준다.

3단계: by를 쓰고 그 뒤에 능동태 문장의 주어 즉 해당 행동을 한 '행위자'

를 써 준다.

→ 이때 목적격 형태로 써야 한다.

다음 표를 통해 문장의 시제별로 수동태 문장을 어떻게 만드는지에 대한 감을 익힐 수 있을 거야. 다른 부분은 똑같은데 문장의 시제별로 be동사의 형태가 바뀌는 게 핵심이지. Take a look!

문장의 시제	능동태(active)	수동태(passive)
현재	He builds a house. 그는 집을 짓는다.	A house is built by him. 집이 그에 의해 지어진다.
과거	He built a house. 그는 집을 지었다.	A house was built by him. 집이 그에 의해 지어졌다.
미래	He will build a house. 그는 집을 지을 것이다.	A house will be built by him. 집이 그에 의해 지어질 것이다.
현재진행형	He is building a house. 그는 집을 짓고 있다.	A house is being built by him. 집이 그에 의해 지어지고 있다.
현재완료	He has built a house. 그는 집을 다 지었다.	A house has been built by him. 집이 그에 의해 다 지어졌다.

예외적인 수동태 공식

1) 'by + 행위자(목적격)'의 생략

'by + 행위자(목적격)'의 경우 모든 수동태 문장에 필요한 건 아니야. 행위자가 누구인지 모르거나 굳이 밝힐 필요가 없는 경우 생략할 수 있다는 이야기지.

> This t-shirt was made in China. 이 티셔츠는 중국에서 만들어졌다.
>
> → 중국에서 이 티셔츠를 누가 만들었는지 알 수도 없고 알고 싶지도 않기 때문에 'by + 행위자'는 쓸 필요가 없음

2) by 이외의 전치사를 쓰는 경우

가끔 by 이외에 다른 전치사를 쓰는 경우가 있어. 이럴 때 살짝 화가 나지? 간신히 규칙을 외워놓았더니 예외적인 게 툭 튀어나오는 경우가 많잖아. 하지만 그냥 숙어라고 생각하고 몇 가지만 알아놓자.

- He is interested in hip hop. 그는 힙합에 관심이 있다.
- Her pocket is filled with sweet candies.
  그녀의 주머니는 달콤한 캔디로 가득 채워져 있다.
- The boxes were made of used paper.
  그 박스들은 재생 용지로 만들어졌다.

3) 조동사가 쓰였을 때

조동사가 있는 문장도 원칙은 똑같아. 이때 조동사 다음에는 반드시 동사 원형을 써야 한다는 규칙이 있기 때문에 be동사의 원형인 'be'를 사용해야 한다는 걸 명심해야지.

- The rules must be followed by everyone.
  그 규칙들은 모두에 의해 지켜져야만 한다.
- This phone can be used by students.
  이 전화는 학생들에 의해 사용될 수 있다.

지금까지 수동태에 대해 살펴보았는데 여러분 중에서는 수동태를 왜 사용하는지 궁금한 사람도 있을 거야. 평소에는 잘 사용하지 않더라도 간혹 수동태 문장으로 쓰는 것이 더 자연스러울 때가 있거든. 다음 문장을 한번 보자.

This school was built in 1955. 이 학교는 1955년에 지어졌다.

이 문장을 말한 사람은 누가 이 학교를 지었는지가 아닌 이 학교가 언제 지어졌는지에 대해 이야기하고 싶은 거니까 수동태를 사용한 거야.

13장 Practice 및 Review Test
저자의 블로그로 이동해보자

관심 표현하기

I'm interested in **making movies**. 나는 영화제작에 관심이 있다.
I'm fascinated by **this painting**. 나는 이 그림에 매료되었다.

Peter: Oh, I'm fascinating by this painting. Did you draw this?

Peter: 오, 저는 이 그림에 매료되었어요. 당신이 이것을 그렸나요?

Leonardo da Vinci: Yes, I did. The title of this painting is 'Mona Lisa'.

레오나르도 다빈치: 네, 맞아요. 이 그림의 제목은 '모나리자'입니다.

Peter: Cool. But how come she doesn't have eyebrows?

Peter: 멋지네요. 하지만 어째서 그녀는 눈썹이 없나요?

Leonardo da Vinci: Well, I won't tell you the reason.

레오나르도 다빈치: 글쎄요, 나는 당신에게 그 이유를 말해주지 않을 거예요.

 Check

위 대화에서 어법상 틀린 것을 찾아 바르게 고쳐봅시다.

정답 fascinating → fascinated

14장

내가 만약 새라면!
'가정법'

여러분들 지금까지 너무 잘 해주었어. 1장을 배울 때 명사의 끝에 왜 s를 붙여야 되는지도 잘 몰랐던 친구들도 있을 텐데, 지금 이 글을 읽고 있다는 건 영어의 기본적인 규칙들을 거의 대부분 학습했다는 걸 의미하거든.

이번 장에서는 '가정법'이라는 녀석을 살펴볼 거야. 만만하지 않은 놈이니까 정신 바짝 차리고 파이팅하자고!

이 그림을 한번 볼까? 남자가 좋아하는 여자에게 사랑을 고백했는데 여자는 남자에게 별 관심이 없나봐. 남자는 생각하고 있지. '아, 그녀도 날 사랑한다면 얼마나 좋을까?'라고 말이야.

이걸 영어로 "If she loved me, it would be great." 정도로 표현할 수 있어. 접속사 if는 UNIT 31에서 배운 적 있지. 우리말로 '만약 ~하면'이란 뜻을 갖고 있는 건데, 여기서 중요한 건 '그녀도 나를 사랑한다면'이라는 뜻이 되기 위해서 loves가 아닌 과거형 'loved'가 쓰여야 한다는 거야. loved를 '사랑했다면'이 아닌 '사랑한다면'이라고 해석해야 되는데, UNIT 39와 UNIT 40에서 설명하고 있는 가정법을 공부하면 그 이유에 대해 이해할 수 있어.

If를 이용한다
가정법 I

먼저 '가정법'이라는 말을 살펴볼까? 음, 여기서 말하는 '가정'이라는 말은 예를 들어서 이럴 때 쓰는 말이야.

'만약 내가 복권에 당첨된다면 무엇을 할까?'

감이 오니? 어떤 상황을 머릿속에 그려보면서 생각해보는 그 가정! "어? 그런데 그거라면 이미 앞에서 if라는 접속사를 통해 배우지 않았나요?"라고 생각할 수도 있을 텐데. 맞아. 가정법은 if를 이용하는 거야. 하지만 여기서는 앞에서 배웠던 거에서 좀더 다양한 형태의 가정을 배울 거야. 그걸다 합해서 가정법이라고 하고 영어에서는 'conditional'이라고 해.

자, 어떤 사람이 복권을 샀다고 가정해볼까? 1부터 45까지의 숫자 중에 6개를 무작위로 뽑아서 맞히는 사행성 게임 말이야. 그 확률은 약 814만 분의 1인데 이 사람은 복권을 사고 나서 어떤 생각을 할까? 당연히 당첨

될 거라고 생각할까? 아닐 거야. 당첨되면 좋겠지만 정말 큰 기대는 하지 않을 거야. 그러면서 다음과 같이 말할 수 있는 거지.

- If I won the lottery, I would travel around the world.
  복권에 당첨된다면 나는 세계 여행을 할 것이다.

그럼 질문 하나 할게. "복권에 당첨된다면…"이라고 말하는데 왜 win 이라고 안 하고 과거형인 won이라고 했을까? 또 will을 안 쓰고 왜 would 라고 썼을까? 지금부터 그 이유를 알려줄게.

가정법 현재(First Conditional)

가정법 현재는 실현가능성이 충분히 있는 일에 대한 가정을 나타낼 때 사용해. 공식은 다음과 같아.

If + 주어 + 동사(현재형) + ~, 주어 + will(can) + 동사원형 + ~.

Pop Quiz

※ **다음 빈칸에 알맞은 말을 써봅시다.**

'만약 ~하면'이라는 뜻의 접속사 _____를 이용한
문장을 ____법 문장이라고 말한다.

정답 if, 가정

위의 공식에서 If절의 동사 부분이 현재형이잖아. 그래서 이 패턴을 가정법 현재라고 하는 거야. 다음 예문들을 한번 볼까?.

- If it rains tomorrow, I will stay home.
  내일 비가 오면 나는 집에 있을 거야.
- If she knows the truth, she will be angry.
  그녀가 사실을 알게 된다면 그녀는 화를 낼 거야.
- If you are interested in the club, you can join it.
  네가 그 동아리에 관심이 있다면 그것에 가입할 수 있어.

가정법 과거(Second Conditional)

가정법 과거는 사실 과거와는 전혀 상관이 없어. 현재 사실을 반대로 가정 혹은 실현가능성이 거의 없는 일에 대한 가정을 나타낼 때 사용하지. 공식은 다음과 같아. 또한 가정법 과거에서 be동사는 was 대신 'were'를 쓰는 게 원칙이라는 점도 기억해 둬(현대영어에서는 was도 가능).

If + 주어 + 동사(과거형) + ~, 주어 + would(could) + 동사원형 + ~.

위의 공식에서는 If절의 동사 부분이 과거형이잖아. 그래서 이 패턴을 가정법 과거라고 하는 거야. 다음 예문들을 한번 볼까?

- If he knew Lisa's phone number, he would call her. (현재 사실을 반대로 가정)

  그가 만약 Lisa의 전화번호를 안다면 그녀에게 전화할 것이다. (현실: 그는 Lisa의 전화번호를 모름)

- I would fly to her if I were a bird. (불가능한 상황)

  내가 새라면 그녀에게 날아갈 텐데. (현실: 나는 새가 아님, 새가 될 수도 없음)

가정법 과거완료(Third Conditional)

가정법 과거완료는 과거 사실을 반대로 가정할 때 사용해. 공식을 보자.

$$If + 주어 + had + 과거분사(p.p.) + \sim,$$

$$주어 + would(could)\ have + 과거분사(p.p.) + \sim.$$

Pop Quiz

※ 주어진 상황을 참고해 다음 문장을 완성해봅시다.

1) If it _____(rain) tomorrow, I will stay home.

   (대한민국에 살고 있는 박병륜 씨의 말)

2) If it _____(rain) tomorrow, I would give you one million dollars.

   (지난 100년간 단 한 번도 비가 온 적이 없는 사막에 살고 있는 한 남자의 말)

정답 1) rains 2) rained

이 공식에서 If절의 주어 다음 부분이 과거완료형(had+p.p.)이잖아. 그래서 이 패턴을 가정법 과거완료라고 해. 다음 예문들을 한번 볼까?

- If she had studied hard, she could have passed the exam.
  그녀가 열심히 공부했다면 시험에 통과할 수 있었을 것이다. (현실: 열심히 공부하지 않아서 시험에 통과하지 못했음)
- If he had known Lisa's phone number, he would have called her.
  그가 만약 Lisa의 전화번호를 알았다면 그녀에게 전화했었을 것이다. (현실: 전화번호를 몰라서 전화를 못했음)
- We wouldn't have missed the train if we had taken a taxi.
  우리가 택시를 탔다면 기차를 놓치지 않았을 거야. (현실: 택시를 타지 않았기 때문에 기차를 놓쳤음)

TIP

First, Second, Third Conditional 비교

- If I find your dog, I will call you. 내가 네 개를 발견하면 네게 전화할게.
→ First Conditional, 친구의 잃어버린 강아지를 같이 찾아주고 있는 사람이 할 수 있는 말

- If I found a magic wand, I would be happy.
  내가 마법의 지팡이를 찾게 되면 정말 기쁠 거야.
→ Second Conditional, 영화 해리포터를 본 꼬마 아이가 할 수 있는 말

- If I had found the cheap bag, I would have bought it.
  내가 그 싼 가방을 발견했었다면 구입했었을 거야.
→ Third Conditional, 가격이 아주 싼 가방을 미처 못 봐서 사지 못했던 사람이 그렇게 싼 가방이 있었다는 사실을 뒤늦게 깨닫고 아쉬워하면서 할 수 있는 말

피러쌤, 질문 있어요!

First, Second, Third Conditional에 대해 배웠는데
그럼 또 다른 Conditional도 있나요?

사실 한 가지가 더 있어. Zero Conditional이라는 건데 다음 예를 보면서 이야기해줄게.

If you heat ice, it melts. 당신이 얼음을 가열하면 그것은 녹는다.

문장 맨 마지막 melts가 있는 부분을 그냥 현재형으로 쓰는 걸 Zero Conditional이라고 하는 거야. 과학적으로 이미 증명된 일처럼 어떤 조건을 주었을 때 예외 없이 99.9999% 일어나는 일일 때 will을 쓰지 않고 그냥 현재형으로 쓰는 거지. 사실 will melt라고 썼다고 해서 어법상 틀린 건 아니야.

충고하기

If I were you, I would tell her the truth.
내가 너라면 그녀에게 사실을 말하겠어.

A: Oh, no.

A: 오, 안 돼.

B: What's wrong?

B: 무슨 일이야?

A: I broke Mom's favorite dish. What should I do?

A: 엄마가 가장 좋아하시는 접시를 깼어. 내가 어떻게 해야 하지?

B: If I were you, I'd tell her the truth.

B: 내가 너라면 그녀에게 사실을 말씀드리겠어.

A: Do you really think so?

A: 너 정말 그렇게 생각하니?

B: Yes. She will forgive you.

B: 응. 그녀가 너를 용서하실 거야.

 Check

위 대화의 밑줄 친 I'd를 2개의 단어로 풀어써 봅시다.

정답 I would

344

UNIT 40

가정법에는 If만 있는 것이 아니다!
가정법 II

가정법은 영어의 규칙 중에서 상대적으로 조금 복잡한 녀석이라서 한 개의 UNIT으로 끝내기에는 무리가 있어. 그래서 준비했지. 가정법 II!

1) I wish I were rich. 내가 부자라면 좋을 텐데.

2) The girl is acting as if she were a doctor.

　 그 소녀는 마치 그녀가 의사인 것처럼 행동하고 있다.

1)에서 나(I)는 현재 부자가 아닌데 '부자였으면…'하는 상상을 하면서 "I wish I were rich."라는 말을 하고 있어. 이 문장에서 주목해야 할 건 I와 함께 쓰인 be동사가 were라는 사실이야. 가정법이 쓰였다는 걸 알 수 있는 대목이지.

2)를 다시 한번 읽기 전에 병원놀이를 하면서 의사 역할을 하고 있는 다섯 살짜리 여자아이를 상상해봐. 우리는 그 소녀가 의사도 아닌데 의사처럼 행동하고 있다는 걸 알고 있고, '마치 ~인 것처럼'이라는 뜻으로 as if라는 걸 사용해서 2) 같은 문장을 만들 수 있는 거야. 그런데 여기서도 she와 함께 쓰인 be동사가 were라는 걸 확인할 수 있고, 가정법이 쓰였다는 사실을 눈치챌 수 있지.

자, I wish와 as if라는 표현은 가정법이랑 함께 쓰여서 좀 특이한 의미를 갖고 있는 녀석들인데 이번 UNIT에서는 그걸 설명할 거야. 가정법을 마무리한다고 생각하고 잘 살펴보자고. 고등학교에서도 자주 등장하는 문법이니까 말이야.

I wish

I wish를 가정법과 함께 사용해서 현재나 과거 사실과 반대되거나 이룰 수 없는 일을 막연하게 "에휴, 그렇게 되었으면 좋으련만…." "에휴, 그렇게 했었더라면 얼마나 좋았을까…."라는 뜻으로 사용할 수 있어.

Pop Quiz

※ **다음 문장에 대한 설명이 맞으면 T, 틀리면 F에 체크해봅시다.**

1) I wish I were a pilot. → 실제로 나는 비행기 조종사다.   T ☐ F ☐
2) He is acting as if he were rich. → 실제로 그는 부자다. T ☐ F ☐

정답 1) F 2) F

346

1) I wish + 가정법 과거: ~하면 좋을 텐데

앞에서 공부했던 second conditional의 특징이 뭐였지? If로 시작하는 절에 나오는 동사의 시제가 과거였잖아. 그래서 이걸 '가정법 과거'라고 부르는 거고. 우리가 배웠던 second conditional의 패턴이 다음과 같은 데 여기서 앞에 있는 if절만 떼어놓고 if 대신 I wish를 써봐.

If + 주어 + 동사(과거형) + ~, 주어 + would(could) + 동사원형 + ~.

↓ (If 대신 I wish)

I wish + 주어 + 동사(과거형) + ~.

이게 바로 I wish + 가정법 과거의 패턴이라고 할 수 있지.

- I wish I were tall. 내가 키가 크면 좋을 텐데.

  → 실제 나는 키가 크지 않다.

- I wish she loved me. 그녀가 나를 사랑한다면 좋을 텐데.

  → 실제 그녀는 나를 사랑하지 않는다.

2) I wish + 가정법 과거완료: ~했었다면 좋을 텐데

똑같은 방법으로 공식을 뽑아보면 third conditional 패턴에서 if절만 떼어서 if 대신 I wish를 쓰면 다음과 같아지지.

If + 주어 + had + 과거분사(p.p.) + ~, 주어 + would have + 과거분사(p.p.) + ~.

↓ (If 대신 I wish)

I wish + 주어 + had + 과거분사(p.p.) + ~.

이게 바로 I wish+가정법 과거완료의 패턴이라고 할 수 있지.

- I wish I had tried my best. 내가 최선을 다했었다면 좋을 텐데.

  → 실제로 나는 최선을 다하지 않았다.

- I wish he had studied hard. 그가 공부를 열심히 했었어야 했는데.

  → 실제로 그는 공부를 열심히 하지 않았다.

as if

누군가 '~인 척'하는 모습을 본 적 있니? 실제 아닌 걸 뻔히 아는데 '~인 척'하는 사람을 묘사할 때 as if를 사용할 수 있어.

Pop Quiz

※ **주어진 단어를 이용해 문장을 완성해봅시다.**

1) I wish I _____(have) a girlfriend. 여자친구가 있으면 좋겠어

2) I wish I _____(put) on sunscreen. 썬크림을 발랐어야 했어.

정답 1) had 2) had put

1) as if + 가정법 과거: (마치) ~인 것처럼

second conditional 패턴에서 if절만 딱 떼어서 if 대신 as if를 써봐.

If + 주어 + 동사(과거형) + ~, 주어 + would(could) + 동사원형 + ~.

↓ (If 대신 as if)

as if + 주어 + 동사(과거형) + ~.

이게 바로 as if+가정법 과거의 패턴이라고 할 수 있지.

- He acts as if he were a soldier. 그는 군인인 것처럼 행동한다.

  → 실제 그는 군인이 아니다.

- She looks as if she knew the answer.

  그녀는 마치 정답을 알고 있는 것처럼 보인다.

  → 실제 그녀는 정답을 모르고 있다.

2) as if + 가정법 과거완료: (마치) ~했던 것처럼

third conditional 패턴에서 if절만 떼어서 if 대신 as if를 쓰면 다음과 같아지지.

If + 주어 + had + 과거분사(p.p.) + ~, 주어 + would have + 과거분사(p.p.) + ~.

↓ (If 대신 as if)

as if + 주어 + had + 과거분사(p.p.) + ~.

이게 바로 as if + 가정법 과거완료의 패턴이라고 할 수 있지.

- He acts as if he had been a soldier.

  그는(과거에) 군인이었던 것처럼 행동한다.

    → 실제로 그는 군인이 아니었다.

- Kelly talks as if she had seen an alien.

  Kelly는(과거에) 외계인을 보았던 것처럼 말한다.

    → 실제로 Kelly는 외계인을 본 적이 없다.

피러쌤, 질문 있어요!

다음 2개의 문장은 어떻게 다른 건가요?

1) Peter looks as if he knew the answer.

vs.

2) Peter looks as if he knows the answer.

1)번 문장에서 말하는 사람은 Peter가 정답을 모르고 있다는 사실을 알고 있어.
반면 2)번에서는 Peter가 정답을 알고 있을 가능성이 크지.

14장 Practice 및 Review Test
저자의 블로그로 이동해보자

350

바람, 소원, 요망 표현하기

I want to **speak English well.**
나는 영어를 잘 말하고 싶어.
I am looking forward to **hearing from you.**
나는 네 소식을 듣게 되기를 고대하고 있어.
I wish I could **travel to the moon.**
나는 달나라로 여행갈 수 있었으면 좋겠다.

A: What are you looking at?

A: 너 뭐 보고 있니?

B: I'm looking at the moon. It's so bright today.

B: 나는 달을 보고 있어. 오늘 그것이 아주 밝아.

A: You're right. It's so beautiful.

A: 네 말이 맞네. 꽤 아름답다.

B: I wish I can travel to the moon.

B: 나는 달나라로 여행갈 수 있었으면 좋겠어.

A: Me, too.

A: 나도 그래.

Check

위 대화에서 밑줄 친 부분을 어법에 맞게 고쳐 써봅시다.

정답 could

2가지 행동을 동시에 표현한다
'분사구문'

이번 장에서는 분사구문이라는 걸 살펴볼 거야.

　아래 그림 속의 남녀가 오늘 아침에 무엇을 했는지 한번 볼래? 남자와 여자가 아침에 어떤 일을 했지? 2명 모두 책을 읽었어. 그런데 또 동시에 어떤 행동을 했지? 남자는 커피를 마셨고, 여자는 음악을 들었어. 즉 남자는 커피를 마시면서 책을 읽었고, 여자는 음악을 들으면서 책을 읽은 거지.

　영어에서 이렇듯 2가지 행동을 동시에 할 때 현재분사(~ing)를

이용해서 표현할 수 있는데 이걸 분사구문이라고 해. 좀 어렵지? 그냥 분사를 이용한 구문이라고 알아두면 편할 거야.

　이 분사구문을 좀더 파고들어가 보면 흥미로운 사실을 하나 찾을 수 있어. 그건 바로 분사구문을 이용하면 문장이 좀더 짧아진다는 사실이야.

He read a book, drinking coffee.

그는 커피를 마시면서 책을 읽었다.

위 문장도 사실 처음에는 다음과 같은 문장이었어.

He read a book while he drank coffee.

어때? while he drank가 drinking으로 바뀌면서 단어 2개가 줄어들었잖아. 자, 그럼 분사구문에 대해 좀더 자세하게 알아볼까?

2가지 행동을 동시에 표현한다!
분사구문

앞에서 when, while, if, because 같은 접속사에 대해 배웠지? 분사구문은 바로 이런 접속사들이 쓰인 문장을 좀더 짧게 만들어주는 역할을 하는 거야.

그런데 이런 접속사들이 있는 문장은 다음 페이지에 나오는 예문처럼 2부분으로 나눌 수 있어. 즉 접속사가 있는 부분을 부사절(혹은 접속사절)이라고 부르고, 뒤쪽 부분을 주절(main clause)이라고 부르지. 말이 너무 어렵지? 그래서 그냥 부사절(접속사절)을 '①'이라고 부르고, 주절을 '②'라고 부르면서 설명해줄게.

분사구문 만드는 방법

다음 예문으로 분사구문 만드는 방법을 알려줄게.

While he drank coffee, he read a book.
　　①　　　　　　　　②

그는 커피를 마시면서 책을 읽었다. (그가 커피를 마시는 동안 책을 읽었다.)

1) 접속사를 생략한다.

(While) he drank coffee, he read a book.

2) ①번 주어와 ②번 주어가 일치하면 ①번 주어를 생략한다(①번 주어: he ②번 주어: he).

(he) drank coffee, he read a book.

3) ①번 동사의 시제와 ②번 동사의 시제가 일치하면 ①번 동사를 −ing 형태로 바꾼다(①번 동사(drank)의 시제: 과거, ②번 동사(read)의 시제: 과거).

Drinking coffee, he read a book.

=He read a book, drinking coffee.

　총 3단계에 걸쳐 분사구문이 멋지게 만들어졌지? 연습하면 더 쉬워질 거야. 아, 그리고 분사구문에서 ①번과 ②번의 위치는 바뀔 수 있어.

분사구문의 의미

1) 동시동작: ~하면서(360쪽 Tip 참고)

While I baked bread, I sang a song.

= Baking bread, I sang a song. 나는 빵을 구우면서 노래를 불렀다.

2) 원인: ~ 때문에(360쪽 Tip 참고)

이번에는 접속사절을 뒤에 놓고 시작할게.

Chris can't go to school because he is sick.

= Chris can't go to school, being sick.

Chris는 아파서 학교에 갈 수 없다.

3) 시간: ~할 때(361쪽 Tip 참고)

When he arrived home, he saw his sister crying.

= Arriving home, he saw his sister crying.

그는 집에 도착했을 때 여동생이 울고 있는 것을 보았다.

지금까지 분사구문을 공부해보았는데 과연 원어민들도 분사구문을 자주 사용할까? 물론 개인별로 차이가 있을 거야. 특히 동시동작의 경우 원어민들이 일상생활에서 자주 사용하는 표현이지. 또한 나중에 볼 수능 영어에서도 분사구문은 자주 등장하기 때문에 지금부터 차근차근 공부해놓는 게 좋아.

Pop Quiz

※ 다음 분사구문을 완성해봅시다.

When I went to Seoul, I visited my grandparents.

→ _____ to Seoul, I visited my grandparents.

피러쌤, 질문 있어요!

분사구문 만드는 방법에서요, 만약 ①번 주어와 ②번 주어가 일치하지 않으면
어떻게 하나요? 그리고 동사의 시제가 일치하지 않으면 어떻게 하나요?

1) ①번 주어와 ②번 주어가 일치하지 않을 때 → 주어를 생략하지 않음

Chris can't go to school because his mom is sick.

= Chris can't go to school, his mom being sick.

Chris는 엄마가 편찮으셔서 학교에 갈 수 없다.

2) 동사의 시제가 일치하지 않을 때 → having + 과거완료(p.p.)

I don't have money now because I lost my wallet.

= I don't have money now, having lost my wallet.

나는 지갑을 잃어버려서 지금 돈이 없다.

TIP

3단계 풀이 [①: 부사절(접속사절), ②: 주절]

<u>While I baked bread</u>, <u>I sang a song.</u>
　　　　①　　　　　　　　　②

1) 접속사를 생략한다.

(While) I baked bread, I sang a song.

2) ①번 주어와 ②번 주어가 일치하면 ①번 주어를 생략한다(①번 주어: I, ②번 주어: I).

(I) baked bread, I sang a song.

3) ①번 동사의 시제와 ②번 동사의 시제가 일치하면 ①번 동사를 -ing 형태로 바꾼다
　　(①번 동사(baked)의 시제: 과거　②번 동사(sang)의 시제: 과거).

Baking bread, I sang a song.
= I sang a song, baking bread.

3단계 풀이 [①: 부사절(접속사절), ②: 주절]

<u>Chris can't go to school</u> <u>because he is sick.</u>
　　　　②　　　　　　　　　　　　①

1) 접속사를 생략한다.

Chris can't go to school (because) he is sick.

2) ①번 주어와 ②번 주어가 일치하면 ①번 주어를 생략한다(①번 주어: he, ②번 주어: Chris).

Chris can't go to school (he) is sick.

3) ①번 동사의 시제와 ②번 동사의 시제가 일치하면 ①번 동사를 -ing 형태로 바꾼다
　　(①번 동사(is)의 시제: 현재　②번 동사(can)의 시제: 현재).

360

Chris can't go to school, being sick.

= Being sick, Chris can't go to school.

3단계 풀이 [①: 부사절(접속사절), ②: 주절]

When he arrived home, he saw his sister crying.
　　　　① 　　　　　　　　　　②

1) 접속사를 생략한다.

(When) he arrived home, he saw his sister crying.

2) ①번 주어와 ②번 주어가 일치하면 ①번 주어를 생략한다(①번 주어: he, ②번 주어: he).

(he) arrived home, he saw his sister crying.

3) ①번 동사의 시제와 ②번 동사의 시제가 일치하면 ①번 동사를 −ing 형태로 바꾼다

(①번 동사(arrived)의 시제: 과거, ②번 동사(saw)의 시제: 과거).

→ Arriving home, he saw his sister crying.

= He saw his sister crying, arriving home.

15장 Practice 및 Review Test
저자의 블로그로 이동해보자

호칭하기

Mr. Parker watched a movie, eating popcorn.

Parker씨는 팝콘을 먹으면서 영화를 보았다.

Doctor Brown.

Brown 박사님.

What do you want me to call you?

제가 당신을 뭐라고 부르기를 원하시나요?

A: Today Mr. Parker watched a movie, _____(eat) popcorn.

A: 오늘 Parker씨는 팝콘을 먹으면서 영화를 보았어.

B: What? Isn't he on a diet?

B: 뭐? 그는 다이어트중 아닌가?

A: Yes, he is. So don't say anything to his personal trainer.

A: 맞아. 그러니까 그의 개인 트레이너에게는 아무것도 말하지 마.

B: Okay.

B: 알았어.

Check

주어진 단어의 형태를 바꾸어 위 대화의 빈칸에 알맞은 말을 써봅시다.

정답 eating

362

16장

그 밖에
꼭 알아야 할 내용들

자, 이번 장은 일종의 bonus라고 말해두지.

여기서는 지금까지 이런 저런 언어형식(문법)들을 이야기하면서 놓쳤거나 딱히 끼워 넣을 곳이 없었지만 아주 중요한 것들을 정리했어.

아주 중요하다는 건 대표적으로는 교과서에서 자주 볼 수 있는 것, 쉬워보이지만 헷갈리는 것, 그래서 여러분의 영어 선생님들께서 시험에 자주 출제하시는 것들을 이야기하지. 다음과 같은 것들이야.

1 every, each, another

2 one, another, the other

3 used to vs. be used to

4 so ~ that ··· vs. so that ···

5 강조(do, It ~ that ···)

6 상관접속사(not only A but also B, ···)

7 연결사(however, for example, ···)

8 So do I

9 It is easy for + 목적격 + to부정사

10 It seems that ···

11 숫자 읽기

12 시간, 날짜, 연도 읽기

13 콩글리시

위 내용들을 최대한 쉽게 설명해줄 거야. 어떤 것들은 앞에서 공부한 것들과 연결되니까 열심히 공부한 사람들은 이것들 역시 더 쉽게 공부할 수 있겠지? 앞에서도 종종 강조했지? 수학공식처럼 영어에도 순서가 있고 계속 연결이 되어 있어서 저학년 때 공부했던 걸 알고 있어야 고학년으로 올라가면서도 교과서 속 영어를 쉽게 공부할 수 있다는 걸 말이야.

자, 준비됐지? 마지막까지 최선을 다해보자고! Let's go!

1 every, each, another

난 교실에서 every, each, another, 이 3개의 단어를 '단수 3총사'라고 불러.

every(모든) / each(각각의) / another(다른) + 단수명사

every, each, another 다음에는 반드시 단수명사를 써야 되거든. 그러니까 다음 예문에서 밑줄 친 부분을 countries라고 쓰면 안 되는 거야.

- I want to travel to every country in the world.
  나는 세계 모든 나라를 여행하고 싶다.
- How much do the gold medalists get in each country?
  각각의 나라에서 금메달리스트들은 얼마를 얻게 되는가?
- Have you ever been to another country?
  당신은 다른 나라에 가 본 적이 있나요?

사실 each와 another는 크게 어렵지 않아. 그런데 every에 대해 처음 배운 사람들은 항상 '진짜? 왜?'라고 생각하지.

1) Every student know the secret. (X)
2) Every student knows the secret. (O)
   모든 학생들이 그 비밀을 알고 있다.

366

1)번 문장은 every 다음에 단수명사를 써야 한다는 규칙을 잘 지켜서 student라는 단수명사를 썼어. 하지만 다음에 나오는 동사 know를 잘 봐. student가 단수명사이기 때문에 Every student 또한 단수 취급되어 주어가 3인칭 단수가 되었어. 따라서 동사의 끝에 s를 붙여서 2)처럼 써야 하는 거야. 앞으로 every가 나오면 언제나 단수취급!

2 one, another, the other

one, another, the other, 이 3개만 잘 알아놓아도 영어로 숫자를 셀 일이 있을 때 문제없이 묘사할 수 있을 거야.

1) 2개를 셀 때: one ~, the other ~

　　I have 2 balls. One is a soccer ball, and the other is a basketball.
　　나는 공 2개가 있다. 하나는 축구공이고, 다른 하나는 농구공이다.

Pop Quiz

※ 다음 문장에서 틀린 부분에 밑줄치고 바르게 고쳐 써봅시다.

1) Each team have 11 players. → (　　　)
2) There is a computer in every classrooms. → (　　　)
3) I don't like this shirt. Could you show me another ones? → (　　　)

정답 1) have → has 2) classrooms → classroom 3) ones → one

2) 3개를 셀 때: one ~, another ~, the other ~

I have 3 balls. One is a soccer ball, another is a basketball, and the other is a baseball.

나는 공 3개가 있다. 하나는 축구공이고, 다른 하나는 농구공이고, 나머지 하나는 야구공이다.

3) the other(나머지 하나) vs. the others(나머지 모두)

- I have 2 balls. One is a soccer ball, and the other is a basketball.

  나는 공 2개가 있다. 하나는 축구공이고, 다른 하나는 농구공이다.

- I have 3 balls. One is a soccer ball, and the others are basketballs.

  나는 공 3개가 있다. 하나는 축구공이고, 나머지는 농구공이다.

- I have 100 balls. 70 balls are soccer balls, 20 balls are basketballs, and the others are baseballs.

  나는 공 100개가 있다. 70개는 축구공, 20개는 농구공, 그리고 나머지는 야구공이다.

- I have 100 balls. 80 balls are soccer balls, 19 balls are basketballs, and the other is a baseball.

  나는 공 100개가 있다. 80개는 축구공, 19개는 농구공, 그리고 나머지 하나는 야구공이다.

※ 다음 문장의 빈칸에 the other 혹은 the others를 써봅시다.

1) I can speak two languages. One is English and _____ is Korean.
2) There are ten pens on the table. Three are Sam's and _____ are mine.

정답 1) the other 2) the others

3 used to vs. be used to

앞에서 한번 이야기한 건데 다시 한 번 언급할게.

다음 1)~3)의 예문 모두 used to가 들어있기 때문에 그다음에 동사원형을 쓸지 아니면 −ing를 쓸지 구분하는 문제가 종종 출제되는데 무조건 외우지 말고 이번 기회에 확실하게 이해해두자고.

1) used to + 동사원형: (과거에) ~ 했었다. (지금은 그러지 않는다는 의미가 문장 속에 깔려 있음)

- Andy used to live in London.
  Andy는 런던에 살았었다.
  → 지금은 런던에 살고 있지 않다.
- When I was in Canada, I used to be interested in camping.
  내가 캐나다에 있었을 때, 캠핑에 관심이 많았었다.
  → 지금은 캠핑에 관심이 많지 않다.

used to vs. would

used to와 비슷한 의미를 갖고 있는 녀석이 하나 있어. would라는 녀석인데 의미는 비슷하지만 차이점도 있어. used to는 대부분의 경우 다 사용되는 반면, would는 동작(행동)을 나타낼 때만 사용할 수 있다는 거야.

- 그가 아이였을 때, 매일 축구를 했었다.

   When he was a child, he used to play soccer every day. (O)

   When he was a child, he would play soccer every day. (O)

   → 축구를 하는 건 동작(행동)이라고 볼 수 있기 때문에 used to 대신 would를 쓸 수 있음

- 그가 아이였을 때, 부끄럼을 많이 탔었다.

   When he was a child, he used to be shy. (O)

   When he was a child, he would be shy. (X)

   → 수줍음이 많았다는 건 동작(행동)이라고 볼 수 없기 때문에 used to 대신 would를 쓸 수 없음

2) be used to + -ing: ~하는 것에 익숙하다 (익숙해지다).

- Andy is used to living in London.

   Andy는 런던에 사는 게 익숙하다.

   → 지금 런던에 살고 있다.

- I am used to learning Spanish.

   나는 스페인어 배우는 게 이제 익숙하다.

   → 지금 스페인어를 배우고 있다.

TIP

헷갈리는 문제 주의하기

※ 다음 빈칸에 들어갈 적절한 말을 써봅시다.

- Andy is used to _____ in London. Andy는 런던에 사는 게 익숙하다.
- I am used to _____ Spanish. 나는 스페인어 배우는 게 이제 익숙하다.

문장을 한번 보고나서 '어? used to가 있네. 그럼 다음에 동사원형이네'라고 성급하게 판단한 후 live와 learn이라는 동사원형을 쓰면 안 돼!

정답 living, learning

3) be used to + 동사원형: ~위해 사용되다

1)번과 2)번은 요약하면 used to 다음에는 동사원형, be used to 다음에는 −ing를 쓴다는 거였잖아. 그런데 가끔 이런 것도 보이니까 조심해야 해. 분명히 be used to인데 다음에 동사원형을 써야 하는 경우야. 어떻게 구분하느냐? 2)번과 3)번은 똑같은 표현이지만 의미가 달라. '~하는 것에 익숙하다'라는 뜻으로 쓰이면 −ing, '~위해 사용되다'라는 뜻으로 쓰이면 동사원형을 쓰는 거지.

- A lot of trees are used to make paper.
  많은 나무들이 종이를 만들기 위해 사용된다.
  → be used to라고 항상 뒤에 동명사(-ing)만 쓰는 건 아니야. 일단 해석해 볼 것!

※ 주어진 단어를 이용해 문장을 완성해봅시다.

1) She used to _____(go) fishing every Saturday when she was young.

2) Wendy is used to _____(live) in a big city.

3) Grapes are used to _____(make) wine.

정답 1) go 2) living 3) make

4 so ~ that … vs. so that …

이것도 얼핏 보면 똑같이 생긴 애들인데 2개가 전혀 다른 뜻으로 사용되 거든. 결정적인 차이는 so와 that 사이에 다른 단어가 있느냐 없느냐!

1) so ~ that …: 너무(아주) ~해서 … 하다

so와 that 사이에 형용사 혹은 부사가 오면 that의 앞쪽은 '원인', 뒤쪽은 '결과'에 해당하는 말이 와.

• She is so kind that everyone likes her.
  그녀가 아주 친절해서 모두 그녀를 좋아한다.

• She is so rude that nobody likes her.
  그녀가 너무 무례해서 아무도 그녀를 좋아하지 않는다.

이 구조에서는 that 다음에 can이나 can't가 쓰일 때가 많은데 이때는

372

다음과 같이 변형할 수도 있어. 지금 잘 모르겠으면 일단 넘어가고 패스해도 좋아. 나중에 볼 때 공부하면 되니까.

① so ~ that + 주어 + can + 동사원형 = ~ enough to …

He is so strong that he can move the box.

그는 아주 힘이 세서 그 상자를 옮길 수 있다.

= He is strong enough to move the box.

그는 그 상자를 옮길 만큼 충분히 힘이 세다.

② so ~ that + 주어 + can't + 동사원형 = too ~ to …

He is so weak that he can't move the box.

그는 너무 힘이 약해서 그 상자를 옮길 수 없다.

= He is too weak to move the box.

그는 너무 힘이 약해서 그 상자를 옮길 수 없다.

2) so that …: …하기 위해서, …하도록

so that이 떨어지지 않고 함께 쓰이면 that 뒤쪽에 '목적'에 해당하는 말이 와. 이때는 that 뒤쪽을 먼저 해석한 후 '~하기 위해서'라는 말을 붙이면 되지.

• She is studying hard so that she can pass the exam.

그녀는 시험에 통과하기 위해 열심히 공부하고 있다.

Pop Quiz

※ **so와 that을 이용해 빈칸에 알맞은 말을 써봅시다.**

1) He is _____ rich _____ he can buy the house.
2) He saved money _____ _____ he could buy the bicycle.

정답 1) so, that 2) so that

• I work out every day so that I can stay healthy.

나는 건강을 유지하기 위해 매일 운동을 한다.

5 강조(do, It ~ that …)

말을 하다 보면 가끔 문장 속에서 어떤 부분을 강조하고 싶을 때가 있을
거야. 영어에서 강조를 할 때는 일반적으로 다음 2가지 방법을 사용하지.

1) do를 이용한 강조: 인칭, 시제에 따라 do, does, did 사용

문장 속 행동을 묘사하는 말 즉 동사를 강조하고 싶을 때는 do, does, did
중 하나를 이용할 수 있어. 이때 do, does, did 다음에는 동사원형을 써
야 하는 거 잊지 말고.

• I love her. 나는 그녀를 사랑해.
• I do love her. 나는 정말로 그녀를 사랑한다고.
• He loves her. 그는 그녀를 사랑해.

374

- He does <u>love</u> her. 그는 정말로 그녀를 사랑한다고.
- We loved her. 우리는 그녀를 사랑했어.
- We did <u>love</u> her. 우리는 정말로 그녀를 사랑했다고.

2) It ~ that … 강조구문: 동사를 제외한 강조하고 싶은 부분을 that 앞에 위치

예를 들어서 설명할게. 다음 문장에서 밑줄 친 부분을 강조하고 싶을 때 'It ~ that …' 구문을 이용해서 새롭게 문장을 만들 수 있어.

<u>Peter</u> met <u>Carrie</u> <u>at the park</u> <u>yesterday</u>.

Peter는 어제 공원에서 Carrie를 만났다.

① 동사의 시제를 파악한 후 It 다음에 is를 쓸지, was를 쓸지 결정
② 강조하려는 부분을 It is(was)와 that 사이에 위치시킴
③ 강조하려는 부분을 제외한 나머지를 모두 that 뒤에 위치시키면 끝!

\<Peter 강조\>

It was <u>Peter</u> that met Carrie at the park yesterday.

어제 공원에서 Carrie를 만났던 사람은 바로 Peter였다.

\<Carrie 강조\>

It was <u>Carrie</u> that Peter met at the park yesterday.

Peter가 어제 공원에서 만났던 사람은 바로 Carrie였다.

<at the park 강조>

It was <u>at the park</u> that Peter met Carrie yesterday.

Peter가 어제 Carrie를 만났던 곳은 바로 공원이었다.

<yesterday 강조>

It was <u>yesterday</u> that Peter met Carrie at the park.

Peter가 공원에서 Carrie를 만났던 건 바로 어제였다.

⑥ 상관접속사(not only A but also B, …)

다음에 설명한 것들처럼 2개 이상의 단어가 서로 연계되어 하나의 접속
사처럼 해석되는 것을 영어로 'Correlative Conjunction'이라고 하는데
이를 우리말로 상관접속사라고 해.

Pop Quiz

※ 다음 밑줄 친 부분을 강조하는 문장을 완성해봅시다.

<u>Sam</u> <u>played</u> <u>soccer</u> <u>after school</u>.

1) <Sam 강조> It was _____ _____ played soccer after school.

2) <played 강조> Sam _____ _____ soccer after school.

3) <soccer 강조> It _____ _____ _____ Sam played after school.

4) <after school 강조> It _____ after school _____ Sam played soccer.

정답 1) Sam that 2) did play 3) was soccer that 4) was, that

1) not only A but also B: A뿐만 아니라 B도

- Not only you but also your family can stay here for free.

  당신뿐만 아니라 당신의 가족 또한 여기에서 공짜로 머물 수 있습니다.

- The movie is not only funny but also touching.

  그 영화는 재미있을 뿐만 아니라 감동적이기도 하다.

2) not A but B: A가 아니라 B

- Peter is not a math teacher but an English teacher.

  Peter는 수학교사가 아니라 영어교사이다.

- Her name is not Soyoung but Seoyoung.

  그녀의 이름은 소영이 아니라 서영이다.

3) both A and B: A와 B 둘 다

- Both Michael and Cindy are from Australia.

  Michael과 Cindy 둘 다 호주 출신이다.

- I will have both jjajangmyeon and jjamppong.

  나는 짜장면과 짬뽕 둘 다 먹을 거야.

4) either A or B: A와 B 중 어느 하나

- He is probably either a soldier or a police officer.

  그는 아마 군인 아니면 경찰관일 것이다.

- Vincent might be interested in either food or music.

  Vincent는 음식이나 음악 둘 중 하나에 관심이 있을 것이다.

※ 다음 문장의 빈칸에 알맞은 말을 써봅시다.

1) Peter is good at _____ English and math.

  Peter는 영어와 수학 둘 다 잘한다.

2) I will either watch TV _____ take a nap.

  나는 TV를 보거나 낮잠을 잘 것이다.

3) He is not _____ intelligent _____ also very funny.

  그는 똑똑할 뿐만 아니라 아주 재미있기도 하다.

정답 1) both 2) or 3) only, but

7 연결사(however, for example, …)

이 책을 읽고 있는 여러분들에게는 조금 이른 이야기일 수도 있지만 고3 이 되면 수학능력시험, 즉 수능이라는 시험을 봐야 하는데 수능에 자주 출제되는 연결사(혹은 연결어) 문제라는 게 있어.

[수학능력시험 영어영역 기출문제 예시]

※ 다음 글의 빈칸 (A), (B)에 들어갈 말로 가장 적절한 것은?

New media can be defined by four characteristics simultaneously: they are media at the turn of the 20th and 21st centuries which are both integrated and interactive and use digital code and hypertext as technical means. It follows that their most common alternative names are multimedia, interactive media and digital media. By using this definition, it is easy to identify media as old or new.

_____(A)_____, traditional television is integrated as it contains images, sound and text, but it is not interactive or based on digital code. The plain old telephone was interactive, but not integrated as it only transmitted speech and sounds and it did not work with digital code. In contrast, the new medium of interactive television adds interactivity and digital code. _____(B)_____, the new generations of mobile or fixed telephony are fully digitalized and integrated as they add text, pictures or video and they are connected to the Internet.

            (A)   (B)

① For example ⋯⋯ Additionally

② Nevertheless ⋯⋯ In other words

③ Therefore ⋯⋯ Additionally

④ For example ⋯⋯ In other words

⑤ Nevertheless ⋯⋯ Consequently

연결사(연결어)는 문장과 문장을 연결해주는 말이야. 중학교 시험에도 종종 출제되는 문제이기 때문에 잘 알아두는 게 좋아. 물론 수능시험에 출제되는 연결사는 20개가 훨씬 넘지만 중학교에서는 다음에 있는 것들만 알고 있어도 충분해. 특히 however와 for example은 중학교에서 가장 많이 출제되는 연결사니까 잘 알아두고.

- however 하지만(= but)

- for example 예를 들어서(= for instance)

- therefore 따라서, 그러므로(= so, thus)

- besides 게다가(= in addition, moreover)

- as a result 결과적으로

- in other words 다시 말하면

- on the other hand 반면에, 다른 한편으로는

8 So do I

다음 대화를 먼저 살펴볼까?

- A: I like traveling.

  B: Me too.

Pop Quiz

※ **다음 우리말에 해당하는 연결사를 써봅시다.**

1) Peter is good at many things. _____,(예를 들어서) he can speak Korean well.

2) Suji was so sick. _____,(하지만) she went to school.

3) I was tired. _____,(따라서) I went to bed early.

정답 1) For example / For instance 2) However 3) Therefore / So / Thus

380

- A: I like traveling.

  B: So do I.

첫 번째 대화에서 B가 "Me too."라고 말한 건 자신도 여행을 좋아한다는 거잖아. 똑같은 상황의 두 번째 대화에서 B가 한 말은 뭐지? "So do I." 이것도 "Me too."랑 똑같은 의미야.

So do I는 So + 동사 + 주어로 이루어졌는데 여기에서 동사 부분에 들어갈 말이 그때 그때 달라져. 앞 사람이 어떤 동사를 사용했느냐에 따라 달라지는 거야. 앞에서 배웠던 부가의문문이랑 유사하니까 잘 살펴보자고.

1) 앞 사람의 말에 be동사가 있을 때 → So + be동사 + 주어

- A: I was late this morning. 나는 오늘 아침에 지각했어.

  B: So was he. 그도 그래. (그도 역시 지각했어.)

- A: I am a middle school student. 나는 중학생이야.

  B: So are we. 우리도 그래. (우리도 중학생이야.)

- A: Peter and I are going to school.

  Peter와 나는 학교에 가는 중이야.

  B: So am I. 나도 그래. (나도 학교에 가는 중이야.)

2) 앞 사람의 말에 조동사가 있을 때 → So + 조동사 + 주어

- A: I can play the piano. 나는 피아노를 연주할 수 있어.

B: So can Peter. Peter도 그래. (Peter도 피아노를 연주할 수 있어.)

• A: Jiho and I will go shopping today.

  지호와 나는 오늘 쇼핑갈 거야.

  B: So will I. 나도 그래. (나도 오늘 쇼핑갈 거야.)

3) 앞 사람의 말에 일반동사가 있을 때 → So + do(does, did) + 주어

  • A: Yuri knows the answer. 유리는 정답을 알고 있다.

  B: So do I. 나도 그래. (나도 정답을 알고 있어.)

  • A: Sam loves camping. Sam은 캠핑을 좋아해.

  B: So does Jenny. Jenny도 그래. (Jenny도 캠핑을 좋아해.)

  • A: I woke up early today. 나는 오늘 일찍 일어났어.

  B: So did I. 나도 그래. (나도 오늘 일찍 일어났어.)

Pop Quiz

※ **다음 빈칸에 알맞은 말을 써봅시다.**

  1) A: I am from Canada.   B: _____ _____ David. David도 그래.

  2) A: I can speak Korean. B: _____ _____ I. 나도 그래.

  3) A: I have a puppy.   B: _____ _____ she. 그녀도 그래.

  정답 1) So is 2) So can 3) So does

382

9 It is easy for + 목적격 + to부정사

워낙 중요한 내용이기 때문에 한번 더 정리해줄게.

일단 가주어(가짜 주어) it을 왜 사용하는지부터 복습해볼까? 영어는 주어가 긴 걸 싫어한다고 했지! 그래서 주어가 좀 길다 싶으면 문장의 뒤쪽으로 넘기는 게 일반적이고. 예를 들어서 다음과 같이 말이야.

To make ramyeon is easy.

↓ (주어가 너무 기니까, 영어에서는 이렇게 말하기보다는 주어를 뒤로 넘김)

is easy to make ramyeon.

↓ (근데, 이렇게 뒤로 넘기고 보니까 앞에 is로 시작하는 이상한 문장이 되어서)

It is easy to make ramyeon. 라면을 끓이는 것은 쉽다.

가짜 주어 It을 이용해서 위 문장처럼 바꿔주는 거지. 기억나니?

그런데 라면을 끓이는 게 누구에게나 다 쉬울까? 나는 쉬운데 수지는 어렵대. 이걸 어떻게 묘사할까?

1) 라면을 끓이는 건 쉽다. → It is easy to make ramyeon.

2) 내가 라면을 끓이는 건 쉽다. → It is easy for me to make ramyeon.

3) 수지가 라면을 끓이는 건 어렵다.

　　→ It is difficult for Suji to make ramyeon.

예문에서 보듯이 to 앞에 'for+목적격' 형태로 표시해줄 수 있어. '내가' 혹은 '수지가'로 해석된다고 해서 I am easy…, Suji is easy…라고 쓰면 안 돼. 이걸 공식화하면 다음과 같은데 순서를 잘 알아 놓아야 해. 매년 나도 학교 시험에 출제하는 부분이거든.

It is + 형용사 + for + 목적격 + to~

• It's not difficult for him to play the violin.

　그가 바이올린 연주하는 건 어렵지 않다.

여기서 한 가지 예외가 있어. kind와 nice가 쓰인 경우 for 대신 of를 써야 해.

It was kind of them to help me. 그들이 나를 도와준 건 참 친절한 일이었다.

Pop Quiz

※ 주어진 단어의 순서를 재배열해 빈칸에 알맞은 말을 써봅시다.

1) It _____ eat vegetables. (you, is, for, important, to)

2) It _____ English. (speak, for, was, him, easy, to)

정답 1) is important for you to 2) was easy for him to speak

10 It seems that …

만약 지호라는 친구가 마술 관련 잡지나 동영상을 자주 보는 것을 목격했다면 우리는 그 친구가 마술에 관심이 많다는 생각을 하게 될 거야. 그럴 때 사용할 수 있는 영어표현이 있어.

It seems that + 주어 + 동사 = 주어 + seem(s) to + 동사원형

'~인 것 같다' '~인 것으로 보인다'

위에서 말한 지호라는 친구에 대한 이야기를 영어로 써보면 다음과 같아.

It seems that Jiho is interested in magic.

= Jiho seems to be interested in magic.

　지호는 마술에 관심이 많은 것 같다.

다음 예문들을 쭉 살펴보면 이 개념은 어렵지 않게 이해할 수 있을 거야.

- It seems that Tony loves Julie.

  = Tony seems to love Julie. Tony가 Julie를 사랑하는 것 같다.

- It seems that she knows the secret.

  = She seems to know the secret. 그녀가 비밀을 알고 있는 것 같다.

- It doesn't seem that he is good at soccer.

  = He doesn't seem to be good at soccer.

    그가 축구에 소질이 있는 것 같지 않아.

TIP

구어체에 쓰이는 It seems like…

구어체에서, 즉 일상생활에서 사람들이 It seems like…를 사용해서 말하기도 해. 이때 like 다음에는 명사(구) 혹은 문장이 오기도 하지. 하지만 원어민들 중에는 like를 이런 방식으로 사용하는 것에 반대하는 사람들도 많아. 즉 쓰는 사람도 있고, 쓰면 안 된다는 사람도 있는 거지. 선택은 여러분의 몫!

- It seems like my birthday. 내 생일인 것 같아.
- It seems like he wants to join us. 그가 우리랑 함께 하고 싶은 것 같은데.

386

※ 다음 2개의 문장의 뜻이 같도록 빈칸에 적절한 말을 써봅시다.

1) It seems that Jenny loves shopping.

=Jenny _____ shopping.

2) Andy seems to study English hard.

=It _____ English hard.

정답 1) seems to love 2) seems that Andy studies

11 숫자 읽기

1) 기수와 서수

기수는 'one', 'two'처럼 일반적으로 말하는 숫자이고, 서수는 순서를 나타내는 숫자, 즉 '첫 번째', '두 번째'처럼 해석되는 숫자야. 서수는 거의 대부분 th로 끝난다고 보면 돼(first, second, third는 제외). 사실 서수 중 11th 부터는 영어로 쓸 일이 거의 없으니까 외우려고 부담가질 필요는 없어.

기수				서수			
1	one	11	eleven	1st	first	11th	eleventh
2	two	12	twelve	2nd	second	12th	twelfth
3	three	13	thirteen	3rd	third	13th	thirteenth
4	four	14	fourteen	4th	fourth	14th	fourteenth
5	five	15	fifteen	5th	fifth	15th	fifteenth
6	six	16	sixteen	6th	sixth	16th	sixteenth

7	seven	17	seventeen	7th	seventh	17th	seventeenth
8	eight	18	eighteen	8th	eighth	18th	eighteenth
9	nine	19	nineteen	9th	ninth	19th	nineteenth
10	ten	20	twenty	10th	tenth	20th	twentieth

기수				서수			
10	ten	0	zero	10th	tenth		
20	twenty	21	twenty-one	20th	twentieth	21st	twenty-first
30	thirty	32	thirty-two	30th	thirtieth	32nd	thirty-second
40	forty	43	forty-three	40th	fortieth	43rd	forty-third
50	fifty	54	fifty-four	50th	fiftieth	54th	fifty-fourth
60	sixty	65	sixty-five	60th	sixtieth	65th	sixty-fifth
70	seventy	76	seventy-six	70th	seventieth	76th	seventy-sixth
80	eighty	87	eighty-seven	80th	eightieth	87th	eighty-seventh
90	ninety	98	ninety-eight	90th	ninetieth	98th	ninety-eighth
100	hundred	1,000	thousand	100th	hundredth	1,000th	thousandth

- 7 → seven

- 32 → thirty-two

- 574 → five hundred seventy-four

- 1,823 → one thousand eight hundred twenty-three

2) 큰 숫자 읽기

큰 숫자들은 숫자를 3개씩 잘 끊어서 읽어야 해.

천억	백억	십억 billion	억	천만	백만 million	십만	만	천 thousand	백 hundred	십	일

예를 들어서 972,341,897,654라는 숫자를 읽어볼까?
위 표에 대입해볼게.

9	7	2 billion	3	4	1 million	8	9	7 thousand	6 hundred	5	4

① 첫 번째 3자리 숫자 읽고 끝에 billion 붙이기

  → nine hundred seventy-two billion

② 다음 3자리 숫자 읽고 끝에 million 붙이기

  → three hundred forty-one million

③ 다음 3자리 숫자 읽고 끝에 thousand 붙이기

  → eight hundred ninety-seven thousand

④ 나머지 읽기 → six hundred fifty-four

종합하면 'nine hundred seventy-two billion three hundred forty-one million eight hundred ninety-seven thousand six hundred fifty-four'로 읽어야 해.

그런데 살면서 이런 숫자를 읽을 일은 평생 동안 없을 거야. 실제 여러분들이 살면서 읽게 될 숫자는 다음과 같은 숫자 정도겠지.

5	2 thousand	7 hundred	9	1

① 첫 번째 2자리 숫자 읽고 끝에 thousand 붙이기

   → fifty-two thousand

② 나머지 읽기 → seven hundred ninety-one

- 637,432 → six hundred thirty-seven thousand four hundred thirty-two (637 따로, 432 따로)

- 91,537,423 → ninety-one million five hundred thirty-seven thousand four hundred twenty-three (91 따로, 537 따로, 423 따로)

⑫ 시간, 날짜, 연도 읽기

1) 시간

영어로 시간을 읽을 때는 2가지 방법이 있어.

Pop Quiz

※ 다음 숫자를 영어로 써봅시다.

1) 67 _____

2) 928 _____

3) 4,375 _____

정답 1) sixty-seven 2) nine hundred twenty-eight 3) four thousand three hundred seventy-five

390

① '시간' '분' 순서로 말하기(가장 간단하고 일반적인 방법)

- 5:15 → five fifteen

- 10:13 → ten thirteen

- It's 8:23 now. → It's eight twenty-three now.

② (a) quarter(15분), half(30분), past(~지나서), to(~되기 전) 이용하기

위 ①번 방법만으로도 시간을 충분히 말할 수 있는데 많은 원어민들은 ②번 방법도 사용해. 그러니까 우리가 말할 때는 ①번 방법으로 해도 충분한데 원어민들이 ②번 방법을 사용한다면 그걸 이해할 수 있어야 하니까 2가지 방법 모두 알고 있는 게 좋아. ②번 방법은 수학공식처럼 되어 있으니까 집중해서 잘 봐야 해.

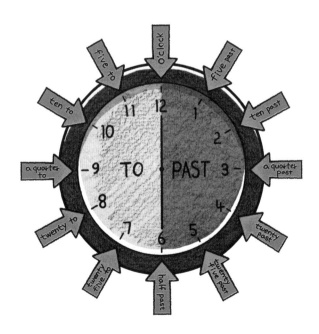

past는 '~이후' '~지나서'라는 뜻이고, to는 '~되기 전'이라는 뜻의 전치사야. 만약 분침이 0~30분 사이면 past를 쓰고, 30~60분 사이면 to를 쓰는 거야. 예를 들어 3시 5분이면 분침이 0~30분 사이에 있으니까 past를 써서 '3시 이후 5분이 지났다'는 의미로 "five past three"라고 말하는 거지. 그리고 참고로 15분은 fifteen 대신 '(a) quarter', 30분은 'half'를 쓰는 게 일반화되어 있다는 것도 잊지 말고!

	①번 방법	②번 방법
11:00	It's eleven. 혹은 It's eleven o'clock.	
09:10	It's nine ten.	It's ten past nine. (9시가 지나서 10분 뒤)
08:15	It's eight fifteen.	It's (a) quarter past eight. (8시가 지나서 15분 뒤)
10:30	It's ten thirty.	It's half past ten. (10시가 지나서 30분 뒤)
04:45	It's four forty-five.	It's (a) quarter to five. (5시가 되기 15분 전)
09:50	It's nine fifty.	It's ten to ten. (10시가 되기 10분 전)
12:36	It's twelve thirty-six.	It's twenty-four to one. (1시가 되기 24분 전)

2) 날짜

날짜는 일반적으로 다음과 같이 쓰고 읽어. 예전에는 날짜를 서수로만 읽고 썼지만 현대영어에서는 기수로 쓰기도 하지. 사실 현대영어에서는 많은 사람들이 May 15를 그냥 May fifteen으로 읽기도 해.

쓰기	읽기
May 15th	May fifteenth
May 15	

3) 연도

연도는 4자리 숫자로 이루어져 있잖아. 영어에서는 보통 이걸 2개씩 끊어서 읽어.

- 1997 → nineteen ninety-seven
- 1998 → nineteen ninety-eight
- 1999 → nineteen ninety-nine
- 2000 → two thousand
- 2009 → two thousand (and) nine
- 2010 → two thousand (and) ten 혹은 twenty ten
- 2017 → two thousand (and) seventeen 혹은 twenty seventeen

Pop Quiz

※ 다음 시간, 날짜, 그리고 연도를 영어로 써봅시다.

1) 7시 45분 _____

2) 7월 12일 _____

3) 2038년 _____

정답 1) seven forty-five 혹은 (a) quarter to eight   2) July twelfth
3) two thousand (and) thirty-eight 혹은 twenty thirty-eight

그런데 여기서 주의할 건 2000년부터는 숫자 4개를 한꺼번에 읽기도 한다는 거야. 2000을 2개씩 끊어 읽으면 twenty zero처럼 이상한 숫자가 되어버리니까.

13 콩글리시

콩글리시(Konglish)는 Korean과 English를 합한 말이야. 많이 들어보았지? 다시 말해서 우리가 잘못 사용하고 있는 영어(broken English)를 말하는데 다음과 같은 것들이 있어.

우리말	Konglish	English
에어컨	air-con	air-conditioner
볼펜	ball pen	ball-point pen
리모컨	remocon	remote control
아파트	apart	apartment
공책	note	notebook
아이스티	ice tea	iced tea
비닐봉지	vinyl bag	plastic bag
믹서	mixer	blender
노트북 컴퓨터	notebook	laptop
핸드폰	hand phone	cell phone, mobile phone
아이쇼핑	eye shopping	window shopping
컨닝	cunning	cheating
자동차 핸들	handle	steering wheel
파이팅	fighting	cheer up, way to go
아르바이트	arbeit	part-time job

언어는 천천히 계속해서 변화하고 있어. 그래서 사실 우리가 콩글리시라고 여기는 것들이 실제 원어민들 사이에서 사용되는 경우도 종종 목격할 수 있지. 실제 hand phone이라는 말이 대표적인 콩글리시지만 외국에서 이렇게 말하는 사람들을 가끔 볼 수 있거든.

그렇다고 콩글리시를 당당하게 쓰라고 말하는 건 아니야. 어디까지나 broken English로서 잘못 사용되는 것이니까. 아니, 훨씬 더 많은 사람들이 그렇게 사용하지 않으니까 대다수가 사용하는 것을 사용하는 게 안전하겠지.

Pop Quiz

※ 다음 콩글리시의 정확한 영어 표현을 써봅시다.

1) note → _____
2) air-con → _____
3) cunning → _____
4) arbeit → _____

정답 1) notebook 2) air conditioner 3) cheating 4) part-time job

16장 Practice 및 Review Test
저자의 블로그로 이동해보자

기본형	과거	과거분사	기본형	과거	과거분사
be ~이다, 있다	was/ were	been	let ~하도록 허락하다	let	let
bear 낳다	bore	born	lose 잃다	lost	lost
become ~이 되다	became	become	make 만들다	made	made
begin 시작하다	began	begun	mean 의미하다	meant	meant
break 깨다, 부수다	broke	broken	meet 만나다	met	met
bring 가져오다	brought	brought	pay 지불하다	paid	paid
build 짓다	built	built	put ~을 놓다	put	put
buy 사다, 구입하다	bought	bought	read[riːd] 읽다	read[red]	read[red]
catch 잡다	caught	caught	ride (탈것에) 타다	rode	ridden
choose 고르다	chose	chosen	run 달리다	ran	run
come 오다	came	come	say 말하다	said	said
cut 자르다	cut	cut	see 보다	saw	seen
do 하다	did	done	sell 팔다	sold	sold

기본형	과거	과거분사	기본형	과거	과거분사
draw 그리다	drew	drawn	send 보내다	sent	sent
drink 마시다	drank	drunk	sing 노래하다	sang	sung
drive 운전하다	drove	driven	sit 앉다	sat	sat
eat 먹다	ate	eaten	sleep 자다	slept	slept
fall 떨어지다	fell	fallen	smell 냄새 맡다	smelt	smelt
feel 느끼다	felt	felt	speak 말하다	spoke	spoken
find 발견하다	found	found	spend (돈, 시간 등을) 소비하다	spent	spent
fly 날다	flew	flown	stand 서다	stood	stood
get 받다, 얻다	got	got/ gotten	steal 훔치다	stole	stolen
give 주다	gave	given	swim 수영하다	swam	swum
go 가다	went	gone	take 가지고 가다	took	taken
grow 자라다	grew	grown	teach 가르치다	taught	taught
have 가지다	had	had	tell 말하다	told	told

기본형	과거	과거분사	기본형	과거	과거분사
hear 듣다	heard	heard	think 생각하다	thought	thought
hit 때리다	hit	hit	throw 던지다	threw	thrown
hurt 상처를 주다	hurt	hurt	understand 이해하다	understood	understood
keep 유지하다	kept	kept	wake (잠에서) 깨다	woke	woken
know 알다	knew	known	wear 입다	wore	worn
leave 떠나다	left	left	win 이기다	won	won
lend 빌려주다	lent	lent	write 쓰다	wrote	written

『30일 만에 마스터하는 중학교 영어』
저자 심층 인터뷰

Q 『30일 만에 마스터하는 중학교 영어』를 소개해주시고 이 책을 통해 독자들에게
전하고 싶은 메시지는 무엇인지 말씀해주세요.

A 이 책은 중학교 영어 교과서 속에 등장하는 핵심 개념들을 기존에 나
왔던 교재들보다 훨씬 더 쉽고 자세하고, 또 재미있게 소개한 책입니
다. 전국에 있는 모든 중학교에서 사용되고 있는 영어 교과서는 10가
지가 넘습니다. 하지만 저희들이 교과서를 집필할 때는 교육부에서 제
시하는 교육과정이라는 일종의 '규칙'을 지켜야 하기 때문에 학생들이
사용하는 영어 교과서가 다르다고 해도 그 속에서 다루고 있는 핵심
개념들은 모든 교과서가 거의 똑같다고 볼 수 있습니다.

저는 지난 15년간 중학교에서 영어를 가르쳤고 또 중학교 영어 교과

서를 집필하기도 했습니다. 이러한 경험을 최대한 살려서 중학생들이 꼭 알아야 할 교과서 속 핵심 개념들을 이 책을 통해 아주 쉽게 설명했습니다. 이 책은 문제풀이식 교재가 아닌 기본 개념을 이해하는 데 중점을 맞춘 책이기 때문에, 많은 학생들이 이 책을 통해 중학교 영어 교과서 속에 등장하는 많은 핵심 개념들을 이해하는 데 도움을 받을 수 있을 것이라 확신하며, 또 그로 인해 영어의 기본기를 튼튼하게 쌓게 되기를 바랍니다.

Q 『30일 만에 마스터하는 중학교 영어』 이 책을 독자들이 어떻게 활용하면 좋을지 자세한 설명 부탁드립니다.

A 이 책을 읽는 동안, 친한 친구 혹은 친한 선생님이 이야기해준다고 생각하면서 부담 없이 읽어나갔으면 좋겠습니다. 이 책으로 공부하기로 마음을 먹었다면 조금씩이라도 매일 읽어주시길 바랍니다. 또한 이 책을 총 10번 이상 읽어주시길 바랍니다. 영어 공부에서 가장 중요한 건 지치지 않는 겁니다. 대신 욕심은 부리지 마세요. 하루에 5시간씩 며칠간 공부하고 또 며칠을 쉬고 또 다시 시작하는 이런 방식보다는 하루에 반 페이지든 한 페이지든 매일 매일 읽는 것이 중요합니다.

첫 번째 읽을 때 이해가 되지 않는 내용들이 있을 겁니다. 이때는 고민하지 말고 과감히 넘기셔도 됩니다. 두 번째, 세 번째 읽을 때는 이해가 될 겁니다. 또한 이 책을 읽다보면 제가 여러분에게 종종 앞쪽 특정 내용을 언급하기도 합니다. 그 내용들은 꼭 복습해주시기 바랍니다.

이 책은 여러분의 학교 진도 상황에 맞게 활용하실 수도 있습니다. 예를 들어서 여러분이 학교에서 현재 6과를 배우고 있는데 6과의 핵심 언어형식 즉 문법이 'should' 'have to' 'must' 같은 조동사라고 한다면 이 책의 UNIT 20에 나와 있는 개념들을 미리 읽어보고 갈 수 있습니다. 그럼 학교 영어 수업이 훨씬 쉽고 재미있을 겁니다.

Q 예비 중학생을 위한 영어 공부 관련 유사도서들과의 차이점이 있다면 무엇인가요? 자세한 설명 부탁드립니다.

A 저는 지금까지 중학교 영어 교과서뿐만 아니라 많은 중학교 영어 교재들을 집필해왔습니다. 대부분의 중학교 영어 교재들은 문법을 공식처럼 짧게 소개하고, 아주 많은 문제를 풀게 합니다. 일명 '달달 외우게' 만드는 교재인 것이지요. 이런 교재들은 설명이 거의 나와 있지 않기 때문에 동영상 강의 없이 혼자서 공부하기가 힘든 경우가 대부분입니다. 이런 점에서 볼 때 이 책은 기존의 중학교 영어 교재들과 아주 커다란 차이점을 두고 있습니다. 이 책 속에는 문제풀이보다는 해당 문법 개념들에 대한 설명이 많이 들어 있어서 마치 소설책을 읽듯이 읽기만 하면 해당 개념이 자연스럽게 이해되는 장점을 갖고 있습니다.

전국 모든 중학교에서 사용하고 있는 영어 교과서 속에는 우리가 흔히 문법이라고 부르는 '언어형식'과 회화라고 부르는 '의사소통기능'이 포함되어 있습니다. 다른 많은 영어 교재들이 '언어형식' 혹은 '의사소통기능' 중 딱 한 가지에만 초점을 맞추고 집필되었다면, 이 책은 '언어형식'과 '의사소통기능', 즉 문법과 회화를 모두 소개하고 있고, 더구나 이 2가지를 따로따로 소개하지 않고 함께 소개하고 있다는 장점을 갖고 있습니다. 예를 들어서 'can'과 'may'라는 조동사를 소개한 UNIT에는 'May I ~?' 혹은 'Can I ~?'라는 '허락 요청하기' 의사소통기능을 함께 소개함으로써 학생들이 교과서 속 2개의 핵심 카테고리인 문법과 회화를 한꺼번에 끝낼 수 있도록 도움을 주었습니다.

Q '영어를 잘하려면 어떻게 해야 할까?' 다들 고민하는 부분인데요, 어떻게 하면 영어 공부를 잘할 수 있을까요?

A 영어 교사를 하면서 자주 듣는 질문입니다. 사람들마다 자신에게 맞는 영어 공부 방법이 다를 수도 있겠지만 대부분 사람들에게 적용되는 방법이 하나 있습니다. 바로 '매일 하는 영어 공부'입니다. 제가 '매일 하는 영어 공부'라고 답하면 질문하는 사람들은 너무나 뻔한 답이라는 생각을 하게 될 텐데요, 그런 뻔한 방법을 왜 그 사람들은 실행하지 않는 것일까요? 그 이유는 바로 그 뻔한 방법이 쉽지는 않기 때문입니다.

의욕적으로 시작은 하지만 작심삼일로 끝나고, 또 큰 맘 먹고 구입한 영어 교재들이 처음 몇 페이지에만 빨간 줄이 그어진 채로 버려지는 경험들이 많이 있었을 겁니다. 모든 사람들이 다 알고 있는 이 '매일 하는 영어 공부' 방법이 작심삼일로 끝나지 않으려면 욕심을 부리지 말아야 합니다. 10분을 공부하든, 20분을 공부하든 본인이 소화할 수 있는 만큼만 공부해야 하는 것이지요. 사람들마다 조금씩 다르겠지만 보통 '21일의 법칙'이라고 해서 우리가 어떤 행동을 3주 정도 꾸준히 하게 되면 그 행동은 본인의 '습관'이 됩니다. 일단 습관만 되면 공부 시간은 30분, 40분, 1시간으로 점점 늘어날 겁니다. 자신에게 맞는 교재를 선택해서 '조금씩 매일 하는 영어 공부'. 여러분들이 영어를 잘 할 수 있는 가장 쉽고 좋은 방법이라고 생각합니다.

Q 영어 공부에서 문법의 역할과 문법이 얼마나 중요한 부분인지 자세한 설명 부탁드립니다.

A 흔히 고등학생들이 수능시험을 공부하면서 영어는 어휘싸움이라는 말을 합니다. 즉 단어를 많이 알면 수능의 긴 영어지문을 해석하는 데 도움을 받을 수 있다는 것이지요. 맞는 말입니다. 하지만 그 얘기는 중학교 수준의 기본 영어 문법을 알고 있다는 가정 하에 나온 말입니다. 중학교 영어 문법을 모르는 상태에서는 단어를 아무리 많이 알아도 영어로 된 긴 글을 읽고 해석하는 데 한계가 있습니다. 물론 단어만 알아도 꾸역꾸역 끼워 맞추다 보면 영어 지문을 대충 해석할 수 있겠지만 그 시간이 아주 오래 걸릴 겁니다.

하지만 영어 문장이 구성되는 기본 규칙인 '문법'이라는 것을 중학교 수준만 알아도 영어로 된 글을 해석하는 시간은 크게 단축될 것입니다. 다시 말하면 중학교 영어 교과서에 등장하는 언어형식, 즉 문법들을 모두 마스터하고 고등학교에 진학하는 것이 고등학교 내신과 수능이라는 2마리 토끼를 한 번에 쉽게 잡을 수 있는 좋은 방법이라는 것이지요.

Q 영어 공부를 잘하기 위한 선생님만의 영어 공부 노하우가 있다면 소개해주세요.
A 먼저, 종이사전을 사용할 것을 추천합니다. 어휘를 찾을 때 전자사전이나 스마트폰 혹은 인터넷을 이용하는 것에 비해 시간이 조금 더 걸리지만, 종이사전을 이용하면 머릿속에 해당 어휘를 더 빠르고 쉽게, 또한 오랫동안 기억할 수 있습니다.

두 번째로 노트정리를 할 것을 아주 강력하게 추천하고 싶어요. 전화번호부처럼 여러 섹션으로 나뉜 노트를 구입해서 예를 들어서 '학교' '원앤원 교재' '질문' 등의 파트로 나눕니다. 학교 수업 중에 새롭게 알게 된 내용은 '학교' 파트에, 이 책을 읽으면서 새롭게 알게 된 내용은 '원앤원 교재' 파트에 그날 공부한 것을 문장으로 정리하되 빡빡하지 않게 여백을 주면서 적습니다. 너무 빡빡하게 적으면 복습할 때 쳐다보기도 싫어지기 때문이죠.

또 중요한 것은 그날의 노트 정리가 끝났으면 노트를 덮기 전에 1일 차부터 다시 복습을 하는 겁니다. 2일 차에도 1일차부터, 10일 차에도 1일 차부터 복습을 시작하는 거지요. 처음 며칠은 복습하는 양이 점점 누적되면서 복습 시간이 점점 늘어납니다. 하지만 그 시기를 참고 견디면 더이상 복습이 불필요한 부분들이 생기면서 복습 양이 획기적으로 줄어드는 때가 옵니다.

또한 공부를 하면서 이해가 되지 않는 부분들을 질문 파트에 따로 적어놓고 5개 혹은 10개쯤 모였을 때 영어를 잘하는 친구 혹은 영어 선생님께 여쭤보고 답을 찾는 것도 좋습니다. 제 이메일이나 블로그에 질문을 남기셔도 좋을 것 같네요.

Q 영어는 영어 단어, 영어 숙어, 영어 문법, 독해, 듣기, 말하기 등 정말 많은 공부를 해야 하는데요, 무엇이 가장 중요하고, 가장 먼저 공부해야 하나요? 순서가 있는 건가요?

A 초등학교 영어는 듣기와 말하기 중심이었을 겁니다. 하지만 중학교 영어는 조금 다른데요. 중학교 때는 문장의 규칙을 파악하는 게 중요합니다. 즉 문법이라고 하는 언어형식에 대한 개념을 확실하게 잡는 것이 중요하다는 말입니다. 중학교 때 이러한 문법 개념을 확실하게 공부해놓아야 고등학교에 가서 주어진 시간 안에 많은 양의 지문을 이해하고 풀 수 있기 때문입니다.

또 영어를 공부할 때 좋은 방법 중에 하나는 여러 파트를 동시에 공부하는 방법입니다. 예를 들어 독해 교재를 공부중이라면 해당 교재를 공부하면서 보게 되는 몰랐던 단어나 문법을 따로 정리해서 함께 공부할 수 있다는 얘기죠.

또 어휘 책이 있다면 해당 어휘를 소개한 예문에 등장하는 문법을 함께 학습하면 시간도 효율적으로 사용할 수 있고 영어를 포괄적으로 이해하는 데 도움이 됩니다. 다시 말해서 영어 학습에 있어서 단어, 문법,

독해, 듣기, 말하기 등은 서로에게 영향을 주기 때문에 하나를 끝내고 다른 하나를 시작하는 개념이 아니라 동시에 조금씩 같이 진행하면 좋다는 말입니다.

Q 선생님의 영어 교육 방식을 통해 영어 실력이 좋아진 학생 중 기억에 남는 사례가 있다면 소개해주세요.

A 저는 보통 학년 초 수업 시간에 제가 아주 오래 전에 공부하면서 사용했던 노트를 학생들에게 직접 보여주면서 노트 정리하는 방법을 소개해주곤 합니다. 많은 학생들이 실제 노트를 구입해서 제가 알려준 대로 노트 정리를 하면서 영어 공부를 하는 모습을 볼 때면 뿌듯함과 책임감을 동시에 느낍니다.

여러 학생들이 기억나지만 한 학생만 소개하자면 이 학생도 역시 제가 소개했던 노트정리 방법을 실천하면서 질문거리가 10개 정도 생겼을 때 저에게 매번 찾아와서 답을 얻어가곤 했던 학생입니다. 제가 있는 학교는 영어 수준별 수업을 하고 있는데요, 이 학생은 중1 때 수준별 수업의 가장 낮은 반에 속해 있던 학생인데 제가 가르쳐준 방법을 하루도 빠짐없이 실천하면서 수준이 점점 올라가더니 3학년이 되었을 때 결국 수준별 수업의 가장 높은 반으로 올라갔던 기억이 납니다. 또 '매일 하는 영어 공부'가 습관이 되어서 고등학교에 진학한 후에도 영어 시험 점수가 나올 때마다 제게 연락을 해서 자랑하던 그런 학생이고, 결국 원하는 대학에 진학해서 함께 기뻐했던 기억이 납니다.

Q 예비 중학생과 중학생, 그리고 이들을 둔 학부모들에게 영어 공부에 대해 한 말씀 부탁드립니다.

A 현재 우리나라에서 가장 많은 사교육 시장을 점유하고 있는 게 영어교육입니다. 그만큼 영어는 누구나 잘 하고 싶어 하는 게 사실인데요, 사실 조금 과열되어 있다는 생각을 합니다. 다시 말해서 그렇게까지 일찍 시작하지 않아도 되는데, 또 그렇게까지 학원을 다닐 필요가 없는데도 불구하고 옆집 아이가 시작하니까, 또 학원을 다니지 않으면 큰일이 날 것처럼 말하는 일부 사교육 업체의 과대광고에 불안감을 느껴서 불필요한 시간과 돈을 낭비한다는 생각이 듭니다. 영어 교과서를 집필하는 선생님들은 영어 교육 전문가들입니다. 그 전문가들이 중1 때는 이만큼만 하면 된다고 정해준 게 중1 교과서이고 중2 때는 이만큼만 하면 된다고 정해준 게 중2 교과서인 겁니다.

그런데 많은 학생들과 학부모님들은 이런 영어 교육 전문가들의 말을 잘 믿지 않는 것 같습니다. 초등학교 때 중3 영어를 공부하고 중학교 때 수능 영어를 풀고 있는 학생들을 많이 볼 수 있습니다. 영어 교과서를 집필해봤고 또 현재도 집필중에 있는 사람으로서 이야기하건대 그럴 필요가 전혀 없습니다.

더구나 앞으로 학교 영어 교과서는 점점 쉬워질 겁니다. 실제로 2018년부터 점차적으로 바뀌는 중학교 영어 교과서는 그 전 교과서에 비해 교과서 페이지 수가 3분의 1 이상 줄어들 겁니다. 중1이면 중1 영어 교과서 속 내용만 알면 되고요, 중2면 중2, 중3이면 중3 영어 교과서에 등장하는 개념만 알면 충분합니다. 다만 교과서 속에는 자세한 설명이 나오지 않기 때문에 일단 학교 영어 선생님의 설명을 잘 듣고, 교과서 영어를 공부하는 데 도움이 되는 자신의 수준에 맞는 교재 한 권을 선택해서 딱 그 정도만 공부하면 충분하다고 생각합니다.

스마트폰에서 이 QR코드를 읽으시면
저자 인터뷰 동영상을 보실 수 있습니다.

■ **독자 여러분의 소중한 원고를 기다립니다**

메이트북스는 독자 여러분의 소중한 원고를 기다리고 있습니다. 집필을 끝냈거나 집필중인 원고가 있으신 분은 khg0109@hanmail.net으로 원고의 간단한 기획의도와 개요, 연락처 등과 함께 보내주시면 최대한 빨리 검토한 후에 연락드리겠습니다. 머뭇거리지 마시고 언제라도 메이트북스의 문을 두드리시면 반갑게 맞이하겠습니다.

■ **메이트북스 SNS는 보물창고입니다**

메이트북스 홈페이지 www.matebooks.co.kr

책에 대한 칼럼 및 신간정보, 베스트셀러 및 스테디셀러 정보뿐만 아니라 저자의 인터뷰 및 책 소개 동영상을 보실 수 있습니다.

메이트북스 유튜브 bit.ly/2qXrcUb

활발하게 업로드되는 저자의 인터뷰, 책 소개 동영상을 통해 책에서는 접할 수 없었던 입체적인 정보들을 경험하실 수 있습니다.

메이트북스 블로그 blog.naver.com/1n1media

1분 전문가 칼럼, 화제의 책, 화제의 동영상 등 독자 여러분을 위해 다양한 콘텐츠를 매일 올리고 있습니다.

메이트북스 네이버 포스트 post.naver.com/1n1media

도서 내용을 재구성해 만든 블로그형, 카드뉴스형 포스트를 통해 유익하고 통찰력 있는 정보들을 경험하실 수 있습니다.

메이트북스 인스타그램 instagram.com/matebooks2

신간정보와 책 내용을 재구성한 카드뉴스, 동영상이 가득합니다.
각종 도서 이벤트들을 진행하니 많은 참여 바랍니다.

메이트북스 페이스북 facebook.com/matebooks

신간정보와 책 내용을 재구성한 카드뉴스, 동영상이 가득합니다.
팔로우를 하시면 편하게 글들을 받으실 수 있습니다.

STEP 1. 네이버 검색창 옆의 카메라 모양 아이콘을 누르세요.　STEP 2. 스마트렌즈를 통해 각 QR코드를 스캔하시면 됩니다.
STEP 3. 팝업창을 누르시면 메이트북스의 SNS가 나옵니다.